Der Spiel- und Spaßbär   **Lesen, Spielen, Basteln**

Christa Zeuch,
1941 in Berlin geboren und dort auch aufgewachsen, schreibt Kindererzählungen,
Beschäftigungsbücher, Lieder, Kindergedichte und vieles mehr. Heute lebt die freie
Schriftstellerin mit ihrer Familie in Bad Godesberg.

Egbert Koopmans,
hat an der Kunstakademie in Den Bosch studiert
und arbeitet seit 1986 als freiberuflicher Illustrator.

Christa Zeuch

Das Jahr hat bunte Socken an

Ein Mitmachbuch für
Frühling, Sommer, Herbst und Winter

Mit Bildern von
Egbert Koopmans

BENZIGER
EDITION

Die Deutsche Bibliothek – CIP-Einheitsaufnahme

Das Jahr hat bunte Socken an:
ein Mitmachbuch für Frühling, Sommer, Herbst und Winter / Christa Zeuch.
Mit Bildern von Egbert Koopmans.
- 1. Aufl. - Würzburg: Benziger Ed. im Arena Verlag, 1994
(Der Spiel- und Spaßbär)
ISBN 3-401-07080-0

1. Auflage 1994
© Benziger Edition im Arena Verlag GmbH, Würzburg 1994
Alle Rechte vorbehalten
Einband und Innenillustrationen: Egbert Koopmans
Notensatz: Gisela Nordmann
Gesamtherstellung: Chemnitzer Verlag und Druck GmbH,
Werk Zwickau
ISBN 3-401-07080-0

Inhalt

Herbst

Winter

Frühling

Das Jahr hat bunte Socken an

Das Jahr hat bunte Socken an,
damit es munter wandern kann:

Es trägt im Monat Januar
ein neues, weißes Sockenpaar
und gleich danach im Februar
ein Paar, wie Eis so gläsern klar.
Erdfarbne wärmen es im März;
es wandert darin frühlingwärts.
»Was trag ich jetzt?« Ach, im April
weiß es kein bißchen, was es will!
Die Maiensöckchen sind adrett,
so wie der Flieder violett.
Doch kommt der Juni dann daher,
mag es die wiesenbunten mehr.

Im Juli, wenn die Ähre reift,
sind seine Strümpfe gelb gestreift.
Wird's immer heißer im August,
hat es zum Barfußlaufen Lust.
Dann im September irgendwann
sind die kastanienbraunen dran.
Gleich im Oktober schlüpft's geschwind
in Socken, die rotgolden sind.
Bläst der Novemberwind schon rauh,
bestrumpft es sich nur grau und grau.
Erst im Dezember zieht es dann
vom Weihnachtsmann die roten an.

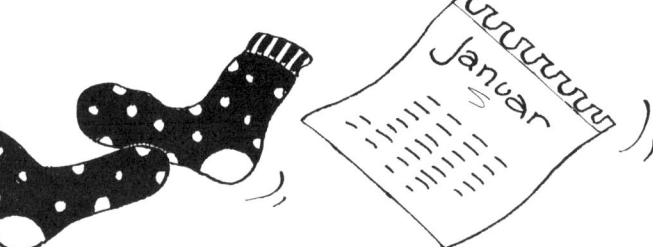

Hallo, mein Name ist Quaddel,
und ich hüpfe mit euch von Seite zu Seite. Springt ihr gleich mit mir
in den bunten Karnevalstrubel?

Schon gewußt?

Karneval feiern die Menschen im Rheinland, **Fastnacht** in Mainz und Umgebung, **Fasnet** im Schwabenland, **Fosnat** in Franken und **Fasching** in Süddeutschland.

Ganz früher bezeichnete man den Abend vor Beginn der Fastenzeit als Fastnacht. Seit dem 19. Jahrhundert nennen wir so die Wochen vom Dreikönigstag bis zum Aschermittwoch. Dann dürfen die Narren regieren. Mit Tanz, Spiel, Umzügen, lustigen Maskeraden und Büttenreden strecken sie dem langweiligen Alltag frech die Zunge heraus. Die Fastnachtsbräuche sind in vielen Gegenden unterschiedlich. Eines jedoch haben alle gemeinsam: Am Aschermittwoch ist alles vorbei!

Zwei alte Scherzspiele

Storchengang über Flaschen

Wer schafft es, mit verbundenen Augen über zehn Flaschen zu stelzen, ohne sie zu berühren? Du? Dann schau mal zu, wie die Flaschen in ordentlichem Abstand in einer Reihe aufgestellt werden. Augen verbinden, und nun vorsichtig, vorsichtig . . . Jemand führt dich an der Hand: ein Schritt – gutgegangen –, zwei Schritte . . .

Du hast es geschafft und keine der Flaschen umgeworfen! Jetzt können wir dir den Schummel ja verraten: Leise haben wir die Flaschen vorher weggeräumt.

Durch eine Postkarte klettern

Um was wetten wir, daß das möglich ist? Also gut, um sieben Nüsse. Gib eine Schere her. Nun wird die Postkarte gefaltet und aufgeschnitten, abwechselnd vom Kniff zum Rand und vom Rand zum Kniff. Nie ganz durchschneiden! Die mittlere Kniffstelle wird zum Schluß aufgeschnitten, wie es auf der Zeichnung zu sehen ist. Zauberei – aus der Postkarte ist ein großer Ring geworden! Da paßt sogar ein dickes Nilpferd durch . . .

Fundgrube für Karnevalskostüme

Ihr müßt nicht unbedingt etwas Bestimmtes darstellen, wenn ihr Karneval oder Fasching oder Fastnacht feiert. Warum denn immer Clown, Cowboy, König, Schornsteinfeger oder Indianersquaw?

Sucht lauter lustige Verkleidungssachen in der Wohnung zusammen: Taschen, Töpfe, Körbe, große Siebe, Mützen, Zeitungen, Tüten oder Lampenschirme als Hüte . . .

Masken aus Papiertragetaschen, aus Zeitung, die mit Kleister eingeschmiert und geformt wurde, aus grobem Stoff, aus Pappkartons. Nehmt alte Gardinen, Stoffe, Omaklamotten, angemalte Schuhe . . .

Haare aus Wolle, Watte, Holzwolle, Draht, Luftschlangen, Papierstreifen, Geschenkbändchen . . .

Und nun noch Klimpersachen aus der Schmuckschatulle und viel Schminke . . .

Macht einen Schönheitswettbewerb: Wer hat sich am witzigsten verwandelt?

Närrisch lecker

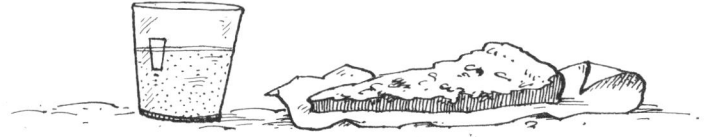

So kannst du deine Gäste beim Faschingfeiern bewirten: Zu trinken gibt es einen

Honigpunsch

Für einen Liter Punsch braucht ihr:

☞ den Saft von einer Zitrone und zwei Apfelsinen

☞ 2 Blätter getrocknete Pfefferminze

☞ 2 gehäufte Eßlöffel Bienenhonig

☞ 3 Nelken und 1 Messerspitze Zimt

Fruchtsaft, Pfefferminze und Gewürze mit einem Liter kochendem Wasser in einem Krug überbrühen, mit Honig süßen und gut durchziehen lassen – fertig.

Zu essen gibt es dazu eine

Toastpizza

Das alles braucht ihr:

☞ 10-12 Vollkorntoast-Scheiben

☞ Margarine, Crème fraîche, Ketchup

☞ 10 Tomaten und 2 Paprikaschoten

☞ Salamischeiben und Reibkäse

☞ Salz, Paprika, Oregano

Fettet das Backblech mit Margarine ein, und heizt den Backofen vor. Laßt euch hierbei von euren Eltern helfen.

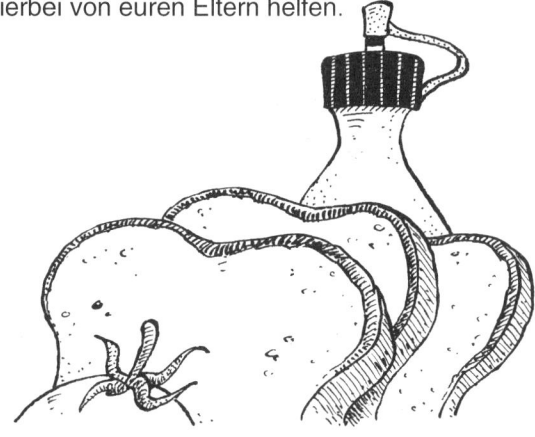

Die Brotscheiben streicht ihr mit Crème fraîche und Ketchup ein. Legt das Blech damit aus. Tomatenscheiben, Paprikastreifen und Salami darauf verteilen, mit Gewürzen und Streukäse bestreuen und im Ofen backen, bis der Käse geschmolzen, aber noch nicht braun ist. Guten Appetit!

Das grüne Haus

Ein Haus, das grau und farblos war,
das wünschte sich im Februar,
im Frühling würde es hübsch grün
und krokusfröhlich bunt erblühn.

»Geduld«, so sprach der Februar.
»Es braucht mindestens ein Jahr,
bis so was wächst und deine Mauern
ein Grün umgibt. Das kann noch dauern.«

Der Efeu und der wilde Wein,
die waren sich dafür zu fein.
(Sehr vornehm rankten sie seit Jahren
ums Schloß, wodurch sie adlig waren.)

Dies hörte auch der Knöterich,
der meinte, er erböte sich . . .
Und guck, zur lieben Sommerzeit
besaß das Haus ein grünes Kleid!

Zwar spotten Wein und Efeu sehr:
»Pah, Knöterich, wie ordinär!«
Doch aus dem Weinlaub zog Frau Maus
gleich aus. Wohin? Ins grüne Haus!

Und auch zwölf Spatzen wohnen drin,
und sieben Spinnen zogen hin.
Die Amsel singt: »Gern flöte ich
im grünen Laub vom Knöterich!«

Frühlingsbeginn

Text, Melodie, Satz: Christa Zeuch

Die Am-sel singt ihr er-stes Lied und plu-stert ihr Ge-fie-der. Das

Glockenspiele:

Guiro:

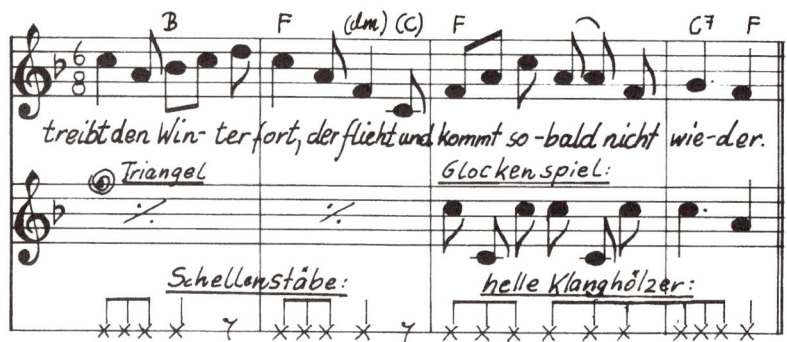

treibt den Win- ter fort, der flieht und kommt so -bald nicht wie-der.

Triangel

Glockenspiel:

Schellenstäbe:

helle Klanghölzer:

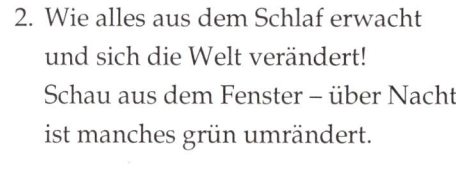

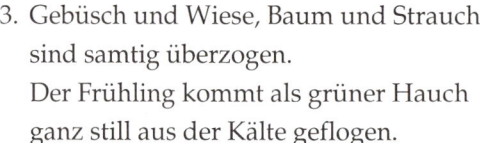

2. Wie alles aus dem Schlaf erwacht
und sich die Welt verändert!
Schau aus dem Fenster – über Nacht
ist manches grün umrändert.

3. Gebüsch und Wiese, Baum und Strauch
sind samtig überzogen.
Der Frühling kommt als grüner Hauch
ganz still aus der Kälte geflogen.

4. Da gluckst der Bach in seinem Lauf,
wahrscheinlich ist er verwundert.
Der Frühling schließt die Knospen auf,
erst zehn, dann viel-viele hundert.

Spielvorschlag

Wenn ihr das Lied aufführen wollt, zum Beispiel in der Schule, studiert es mit den Instrumenten ein. Eure Musiklehrer helfen euch. Die Musik wird nach jeder Strophe einmal ganz wiederholt. Dazu summt ihr die Melodie oder flötet sie. Was in den Strophen erzählt wird, könnt ihr auf Tapete und Packpapier malen. Eine Gruppe Kinder begleitet das Lied auf den Instrumenten, eine zweite singt, während zwei von euch die gemalten Kulissen dazu zeigen.

Diese Musikinstrumente spielen mit:

Glockenspiele:
mit Holzschlegeln anschlagen

Klanghölzer:
eins locker in die hohle Hand legen, mit einem zweiten anschlagen

Guiro (Rillengurke):
mit Holzstiel sacht über Rillen ratschen

Triangel:
frei schwebend mit einem Metallstift anschlagen

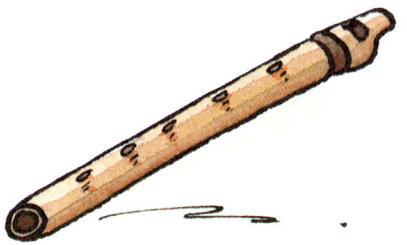

Schellenstäbe:
auf die offene Handfläche schlagen

Blockflöten:
für diejenigen von euch, die dieses Instrument spielen

Besuch in Oberbrombach

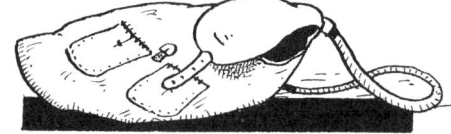

»Fahr schneller, Fridolin!« ruft Moritz. »Los, Großvater, drück auf die Tube!« Fridolin ist Großvaters alter Opel. »Mein Autochen hat doch keinen Düsenantrieb«, sagt er. »Wir kommen schon rechtzeitig an.«

Moritz ist sehr aufgeregt: Wird seine Cousine Maxi im Zug sein? Hat alles geklappt mit dem Umsteigen? Maxi reist nämlich zum erstenmal ganz allein von Köln nach Oberbrombach.

Und dann ist sie tatsächlich drin! Langsam klettert sie heraus, schaut unsicher umher. Der Bahnhof hat nur zwei Bahnsteige, nicht elf wie der Kölner. Ist sie hier wirklich am Ziel?

»Na?« begrüßt Moritz sie. Er nimmt ihr den Reiserucksack ab. »Na?« antwortet Maxi.

Sie darf vorn in Fridolin fahren. Großvater mustert sie von der Seite. »Und du Großstadtpflanze willst es wirklich ein paar Tage auf einem Bauernhof aushalten? Es gibt da viel Arbeit!«

»Für mich auch?« fragt Maxi.

»Klar.« Großvater nickt. »Jeder muß mithelfen. Ich muß gleich zu den Ziegen.«

Der Hof liegt auf einem kleinen Hügel. Er besteht aus einem Wohnhaus und vier Ställen.

Zuerst mal bewundern Onkel Bernhard und Tante Mia, die Eltern von Moritz, wie groß Maxi seit dem letzten Besuch geworden ist. Dann bekommt sie einen Pott voll Malzkaffee und ein dickes Stück Streuselkuchen. Maxi hat es noch nicht ganz aufgegessen, als der Großvater die Wohnküche betritt.

»Puh.« Er wäscht sich die Hände. »Das lohnt sich aber.«

Ja, Großvater riecht wirklich stark nach Ziegenstall. »Gibt neue Märzlämmer«, sagt er. »Unsere Stella hat geworfen.«

Wie der Blitz sind Moritz und Maxi im Ziegenstall. Zwei Ziegenbabys hat Stella bekommen, klein wie Katzen, nur mit hohen Beinen. Eins sieht ganz klebrig aus, und Stella leckt es rundherum ab. Das andere versucht schon staksig, sich aufzurichten.

»Wieso ist es so vollgeschmiert?« fragt Maxi den Großvater.

»Weil es gerade erst geboren wurde. Vor einer halben Stunde kam das erste Lämmchen. Das hat Stella sofort saubergeleckt. Das zweite Lamm mußte so lange in ihrem Bauch warten, bis es heraus durfte.«

»Sind die süß!« Maxi ist entzückt. »Kriegen sie auch gleich Namen?«

Großvater erklärt: »Das erste ist ein Bock-
lamm. Das kriegt keinen Namen. Es wird
nämlich in vier Wochen geschlachtet.«

»Dieses niedliche Lämmchen? O nein, bitte
nicht!« ruft Maxi aus.

»Was willst du«, erklärt nun Moritz. »Alle
Bocklämmer werden geschlachtet. Wir be-
halten höchstens zehn oder zwölf Ziegen-
mädchen. Schließlich geben Böcke keine
Milch für unseren Käse. Oder hast du
schon mal welche gesehen, die das können?«

Maxi betrachtet beide Lämmer nachdenk-
lich.

»Ich nehme das Böckchen mit«, sagt sie
plötzlich. »Und ich werde es Anton nennen. So heißt der Herr Krüger, unser Rek-
tor. Der sieht auch aus wie ein Ziegenbock.«

»Au ja«, lacht Moritz. »Dann gehst du in
Köln mit deinem Ziegenbock Gassi. Aber
guck mal, wir haben inzwischen schon sieben Bocklämmer. Die möchtest du ja dann
wohl auch noch retten.«

»Geht mal aus dem Weg!« ruft Großvater.
Er kehrt den Ziegenstall sauber, so daß
Maxi einen Luftsprung machen muß.

Sie wirft einen letzten Blick auf die neuge-
borenen Lämmer. Das Böckchen trinkt
jetzt bei der Mutter und schmatzt richtig

dabei. Und so etwas Liebes, Kleines wollen
die schlachten!

Der Großvater stützt sich auf den Besen-
stiel. »Willst wohl auch mal probieren,
wie?« Er grinst.

»Ziegenmilch? Warum nicht?« fragt Maxi.

»Wenn sie den Lämmern schmeckt?«

»Die Milch da schmeckt dir bestimmt
nicht, die ist bloß für neugeborene Lämmer
gut«, klärt Moritz seine Cousine auf. »Erst
in einer Woche gibt Stella wieder Käse-
milch.«

»Wahrscheinlich morgen wirft die Brun-
hilde«, meint der Großvater zu Maxi. Er
zeigt auf eine andere dickbäuchige Ziege.
»Da kannst du ja dann zugucken kommen.«

Maxi und Moritz verlassen den Stall. Maxi
blickt umher. Viel Arbeit? Der ganze Bauernhof liegt ruhig und gemütlich da, bestimmt wird sie sich gut erholen. Und bestimmt wird sie mit –

»Moritz!« ruft Tante Mia aus dem Küchen-
fenster. »Holst du mir endlich die Möhren
aus dem Keller? Und dann solltest du doch
den Esel, die Hühner und die Pferde füttern! Maxi kann dir ja dabei helfen.«

Schon hält Moritz seiner Cousine ein Paar
Gummistiefel und alte Jeans zum Umzie-
hen hin . . .

Quaddels Basteltip

Klingende Frühlingsbänder

Dazu braucht ihr:

- ☞ 2 Pappstreifen
- ☞ Glöckchen, Metallknöpfe, Sicherheitsnadeln, Kronkorken, kleine klingende Metallgegenstände
- ☞ bunte Stoffbänder aus dünnen Stoffresten
- ☞ Buntpapierreste
- ☞ Kleber, Schere, Nadel, Faden

Klebt aus einem der Pappstreifen einen Ring, der auf euren Kopf paßt. Aus bunten Stoffresten schneidet ihr lange Bänder und näht an ihre Enden Glöckchen, Metallknöpfe und andere »Klingelsachen«. Befestigt außen am Kopfreifen alle Bandenden mit Kleber. Stellt einen zweiten Reifen her, der über den anderen paßt, und verziert ihn mit hübschen Buntpapiermustern. Dann klebt ihr ihn über die Bandenden auf den inneren Kopfring. Tragt euren klingenden Kranz so, daß die Bänder oben herausspringen. Damit könnt ihr einen Frühlingstanz zu einem Lied aufführen.

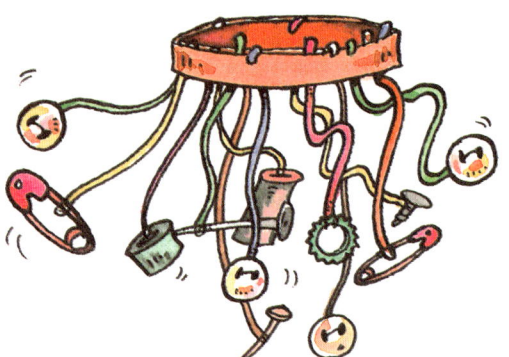

Tanzrasseln

Dazu braucht ihr:

- ☞ 4 runde oder eckige Pappschächtelchen
- ☞ zum Füllen Steinchen, Heftklammern oder ähnliches
- ☞ ca. 60 cm Gummiband mit Knopflöchern (gibt's fertig)
- ☞ deckende Wasserfarben, Pinsel
- ☞ Klebeband, Kleber, Schere
- ☞ 4 Knöpfe

Malt die Deckel oder Oberseiten der Schachteln bunt an. Füllt sie mit rasselndem Inhalt, klebt sie mit Klebeband am äußeren Rand ringsum zu.

Das Gummiband schneidet ihr in vier Teile, zwei für eure Oberarme, zwei für eure Fußfesseln. Näht je einen Knopf an ein Bandende; klebt unter jede Schachtel ein Band. So könnt ihr eure Instrumente an Arme und Füße knöpfen und beim Frühlingstanz die klingenden Kopfreifen begleiten.

Im Märzen der Bauer

Aus dem mährischen Sudetenland (19. Jahrhundert)
Musikalische Bearbeitung: Christa Zeuch

Im Mär-zen der Bau-er die Röß-lein an- spannt.
Er setzt sei- ne Fel-der und Wie-sen in- stand.

Er pflü-get den Bo- den, er eg-get und sät

und rührt sei- ne Hän-de früh- mor-gens bis spät.

2. Die Bäurin, die Mägde, sie dürfen nicht ruhn,
sie haben im Haus und im Garten zu tun;
sie graben und rechen und singen ein Lied
und freun sich, wenn alles schön grünet und
blüht.

3. So geht unter Arbeit das Frühjahr vorbei,
dann erntet der Bauer das duftende Heu;
er mäht das Getreide, dann drischt er es aus.
Im Winter, da gibt es manch fröhlichen
Schmaus.

Spielvorschlag

1. Strophe: Holzwürfel im Lederbecher rhythmisch hüpfen lassen als Pferdegetrappel.

2. Strophe: Es begleiten hell klingende Rhythmusinstrumente wie Schellentrommel, Fingerzimbel, Triangel.

3. Strophe: Trommeln, Pauken, Klanghölzer, Guiro

Zwischenspiel: Zwischen den Strophen je einmal das Ganze ohne Gesang mit Flöten als Melodieinstrumente wiederholen.

April, April

So ist das meistens im April:
Der weiß kein bißchen, was er will.
Die Sonne schaut zum Fenster rein,
du möchtest gerne draußen sein –
da nahen Wolken, groß und schwer,
und spucken Hagel kreuz und quer!
Na gut, dann bleibst du halt im Haus
und denkst dir was zum Spielen aus –
schon sind die Wolken weggezogen,
am Himmel steht ein Regenbogen!
So ist das meistens im April:
Der weiß kein bißchen, was er will.

Mal im Stehen,
ohne sich zu bücken,
mit den Zehen
Gänseblümchen pflücken . . .

Quaddels Spielvorschlag für Aprilwetter

Wetterklopfen
(für viele Mitspieler)

Ihr sitzt um einen Tisch, die Hände auf der Tischplatte. Vorher werden kurz alle Wetterkommandos von Petrus eingeübt:

Fäuste bollern	=	Donner
Hände formen Kreis	=	Sonne
Finger trommeln	=	Regen
Arm in die Luft	=	Blitz
zwei Fäuste aufeinander	=	Schneemann

Einer von euch ist Petrus und gibt die Kommandos in raschem Wechsel: Regen! Donner! Sonne! Ihr macht das entsprechende Handzeichen. Wer sich vertut, scheidet aus oder zahlt ein Pfand.

Osterkanon zu 3 Stimmen

für einen Chor geübter Mitsinger

Text und Melodie: Christa Zeuch

Weil heu-te O - stern ist, zün-den wir ein gro-ßes,

hel-les O-ster-feu-er. Sin-gen wol-len wir den Na-men Je-su Christ.

Schon gewußt?

Ostern ist das älteste Fest der Christen. Schon seit dem 2. Jahrhundert wird es gefeiert, ursprünglich zur Erinnerung an den Tod Jesu Christi. Heute gedenken wir seiner Auferstehung in Gottesdiensten und mit Prozessionen. Viele volkstümliche Bräuche entstanden um das Osterfest. Im Norden unseres Landes zum Beispiel werden im Freien am Vorabend des Osterfestes oder am Ostersonntag Osterfeuer entzündet. Beliebt sind Brote in Form des Osterlammes oder als Osterhase.

Daß wir uns zum Osterfest Ostereier schenken, hat folgenden Ursprung: Früher fasteten die Menschen vor dem Osterfest viele Wochen. Erst zu Ostern war der Genuß von Eiern wieder erlaubt. Und das war wirklich jedesmal ein Fest!

In manchen katholischen Gegenden wurden während der Fastenzeit die Kirchenglocken nicht geläutet. Denn eine Legende erzählte, daß in dieser Zeit alle Glocken ihre Türme verließen. Sie flogen nämlich durch die Lüfte nach Rom, um für die Dorfbewohner vom Papst höchstpersönlich den Ostersegen abzuholen!

Übrigens: Heutzutage beginnt Ostern am Palmsonntag. Es folgt die Karwoche mit dem Gründonnerstag und dem Karfreitag. Und das wird wohl noch eine Weile so bleiben.

Schmuck fürs Osterfrühstück

Hasen-Eierwärmer

Dazu braucht ihr:

> ☞ Styroporkugeln aus dem Bastelge-schäft
> ☞ Tonpapier- und Stoffreste, Watte
> ☞ Nägelchen, ein Küchenmesser
> ☞ deckende Wasserfarben
> ☞ Mehlkleister, Zahnstocher

Steckt zwei Styroporkugeln mit einem Zahnstocher aneinander.

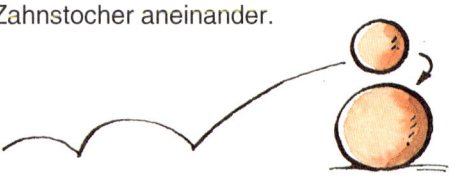

Malt die Kopfkugel hellbraun an. Schneidet Hasenohren aus Tonpapier, ritzt mit dem Messer zwei Schlitze in die Kugel und steckt die Ohren fest hinein. Zwei Nägel-chen bilden die Augen. Malt Nase und Schnauzhaare. Schneidet aus einem Pappstreifen einen Ring, der um ein Ei paßt.

Klebt mit Mehlkleister etwas Watte in den Ring, und befestigt ihn – ebenfalls mit Klei-ster – am Körper. Die Arme entstehen aus Zahnstochern.

Beklebt die Hasenfrau mit Stoffkleidern, und schon steht der Hasen-Eierwärmer fürs Osterfrühstück bereit.

Und so einfach entsteht Mehlkleister: Einen Eßlöffel Mehl mit wenig Wasser glattrühren und in einem Töpfchen zu einer festen Masse kochen.

Oster-Grußkarten

Dazu braucht ihr:

> ☞ Zeichenblockpapier
> ☞ Scherenschnitt- und farbiges Transparentpapier
> ☞ eine spitze Nagelschere
> ☞ Kleber, Lineal, Bleistift

Legt auf weißes Papier eine Postkarte, zeichnet die Umrisse mehrmals auf. Schneidet eure Karten danach sauber zu. Hinten aufs Scherenschnittpapier zeichnet ihr Rechtecke von 8 x 11 cm Größe mit einem Rand von 5 mm.

Malt nun Ostermotive mit doppeltem Strich hinein, die an der Umrandung »festwachsen«.
Schneidet weg, was nicht im Bild erscheinen soll.

Hinterklebt eure Bilder mit farbigem Papier, und dann das Ganze auf die weiße Karte. So könnten die Osterbilder aussehen:

Quaddels Tips fürs ungiftige Ostereier-Färben

Tip 1: Eier mit bunten Seiden-, Haar- und anderen farbigen Bändern kreuz und quer umwickeln. Zehn Minuten in Wasser kochen. Abwickeln und mit Speckschwarte einreiben. Das glänzt schön.

Tip 2: Zwiebelschalen mit Bindfäden festwickeln. Eier wieder zehn Minuten kochen, danach auswickeln. Dann findet ihr sanfte gelb-braune Muster vor.

Tip 3: Eine Knolle Rote Bete schälen, in Würfel schneiden, mit wenig Wasser und den vorher vorsichtig gewaschenen Eiern zehn Minuten kochen lassen. Die Rote Bete dürft ihr sofort aufessen, die rot gefärbten Eier erst zum Osterfrühstück!

Tip 4: Mit bunten Wollfäden umwickeln, kochen und wieder auswickeln. Das ergibt zarte Muster. Zwischen die Streifen und Ringe mit den Fingern Plakafarben tupfen.

Tip 5: Bunte Seidengeschenkpapier-Reste zerschnipseln. Eier in zehn Minuten hart kochen. Angefeuchtete Schnipsel draufkleben und antrocknen lassen. Nach dem Abnehmen sind die schönsten Muster zu sehen.

Auf einem Baum ein Kuckuck

Aus dem Bergischen Land (18. Jahrhundert)

Auf ei-nem Baum ein Kuk - kuk, sim-sa-la-dim-bam,

ba-sa-la-du sa-la-dim, auf ei-nem Baum ein Kuk-kuk saß.

2. Da kam ein junger Jäger,
   simsaladimbam basaladu saladim.
   Da kam ein junger Jägersmann.

3. Der schoß den armen Kuckuck, sim . . .
   Der schoß den armen Kuckuck tot.

4. Und als ein Jahr vergangen, sim . . .
   Und als ein Jahr vergangen war.

5. Da war der Kuckuck wieder, sim . . .
   Da war der Kuckuck wieder da.

Spielvorschlag:

Viele Kinder bilden zwei Gruppen. Die eine singt: »Auf einem . . .«, die andere: »Simsaladim . . .« und klatscht dazu. In den nächsten Strophen werden jeweils die Rollen getauscht. Das »Simsaladim« kann noch rhythmisch untermalt werden mit Rasseln, Trommeln, gegeneinandergeschlagenen Steinen, Zierkürbissen zum Rütteln und anderen Instrumenten, die ihr vorher ausprobiert.

Wie der Kuckuck seinen Namen bekam

Als alle Tiere einen Namen
und auch ein schönes Kleid bekamen,
damit ein jedes Tier der Erde
gewärmt und unterschieden werde,
war Gott, der Schöpfer, gut gelaunt.
Die Tiere haben sehr gestaunt:
Sie wurden *alle* eingekleidet,
daß keins dem andern etwas neidet!

Es schlug sein Rad der eitle Pfau
und rief zu jedem: »Schau nur, schau!«
Vom Kakadu bis zu den Flundern
ließ sich ein jedes Tier bewundern.
Ein roter Vogel trieb's ganz toll,
vor Stolz sein Federwämschen schwoll:
»Kuck, kuck, kuck, kuck, kuck mal auf mich:
Der Allerschönste, der bin *ich!*«

Sein Schöpfer sprach: »Blas dich nicht auf!«
Der Rote hörte nicht darauf.
Und eh das Kerlchen sich versah,
saß es als grauer Vogel da.
Die Tiere aber nannten ihn
genauso, wie er hat geschrien.
Und ruft im Wald mal wer wie er,
dann sucht! Man sieht ihn nicht mehr sehr . . .

Maienlied

Text und Bearbeitung: Christa Zeuch

2. Was bringt . . .
Amseln, Finken, Lerchen singen!
Tausendfach die Knospen springen,
die in all dem hellen Grün
zart wie Blütenträume blühn.

3. Was bringt . . .
Geh hinaus in deinen Garten,
kannst schon auf den Sommer warten:
Schau, wie rasch nun alles wächst,
kunterbunt, wie hingekleckst.

4. Was bringt . . .
Hochzeit machen nicht nur Schnaken,
hör nur, wie die Frösche quaken.
Jedes Tier, das emsig schaut,
findet Bräutigam und Braut.

5. Was bringt . . .
Gänseblümchen, Tausendschönchen,
Maienglöckchen ohne Tönchen,
Scharbockskraut und Hahnenfuß
senden einen Frühlingsgruß.

6. Was bringt . . .
Wollt ihr gleich ins Schwimmbad gehen,
fühlt erst vorher mit den Zehen,
weil das Wasser, wie ihr wißt,
noch ein bißchen eisig ist.

Es gab da einst so einen Käfer

Zweimal kurz hintereinander nach Oberbrombach! Das findet Maxi ganz toll.

Maxi darf bei Moritz in der kleinen Dachstube schlafen.

»Pst«, macht Moritz, als sie im Bett liegen.

»Hier oben gibt es einen Geist, der stellt jede Nacht etwas um. Aber ich glaube nicht, daß er heute nacht kommt. Wir sind zu zweit. Da traut er sich nicht.«

»Du spinnst«, sagt Maxi. »Was denn für ein Geist?«

»Der Geist vom Einarmigen. Der hat früher auf dem Hof gelebt. Das hier war sein Zimmer. Eines Tages

ist er beim Pfeiferauchen eingeschlafen und nie wieder aufgewacht.«

»Dann fang bloß nie an, Pfeife zu rauchen.« Maxi gähnt laut.

»Normalerweise hat er Schlangen gefressen und Ratten«, sagt Moritz.

»Wer's glaubt, wird selig.« Maxi schläft schon fast.

Auch ihr Cousin dreht sich zur Wand. Morgen wird er mehr vom Einarmigen erzählen. Da weiß Moritz nämlich noch eine Menge, zum Beispiel das mit dem Arm, wie der abgekommen ist . . .

Bsssss – bsssss – bssss – pop.

Wie der Blitz sitzt Maxi aufrecht in den Kissen. Sie hält die Luft an. Was war das? Jetzt ist alles wieder still.

Bssss – bsss –

Blitzschnell ist Maxi wieder unter der Bettdecke verschwunden. Trotzdem kann sie noch das unheimliche Geräusch hören. Dann macht es noch einmal *pop* – und aus.

Maxi wartet ein Weilchen. Ihr Herz pocht wie ein kleiner Preßlufthammer. Ein winziges bißchen hebt sie die Decke.

»Moritz!« flüstert sie, so laut es geht.

Der schnieft nur.

Plötzlich läßt Maxi einen Schrei los – einen langen, spitzen, schrillen Schrei: Etwas hat sich auf Maxis Bettdecke niedergelassen, etwas wie Finger, die drauf herumkrabbeln und leise kratzen.

Alle sind aufgewacht. Onkel Bernhard, der Vater von Moritz, ist zuerst bei ihr.

Maxi heult: »Der Einarmige! Der Einarmige!«

Onkel Bernhard geht auf die Suche nach dem Einarmigen. Aber was er findet, ist ein Sechsbeiniger!

»Ein Maikäfer«, staunt er. »Und was für ein Prachtkerl!«

Ja, Maxi kann sich überzeugen, daß ihr Einarmiger nichts als ein Maikäfer ist. Sie

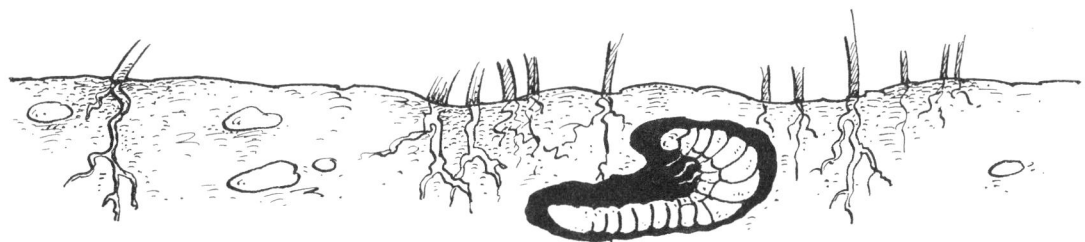

hat noch nie einen gesehen. Aber anfassen mag sie ihn nicht, so wie alle anderen.

Inzwischen ist auch der Großvater heraufgekommen. Als er den Maikäfer sieht, lacht er. »Kaum zu glauben, daß die Kinder heutzutage kaum noch welche kennen. Bei uns früher war das anders. Wir haben sie gesammelt in alten Pappkartons mit Löchern. Da haben die ganz schön drin rumort. Der hier ist ein Schneider, sieh mal, Maxi. Und es gab noch Bäcker und Schornsteinfeger. Wir haben sie mit Kastanienblättern gefüttert.«

»Wo habt ihr die Maikäfer gefunden?« will Moritz wissen. »Im Wald?«

»Direkt vor unserer Haustür, in einem Kastanienbaum. Wenn wir an einem Ast gerüttelt haben, sind gleich welche heruntergefallen. Unter dem Steinpflaster vor unserem Haus haben wir auch welche ausgebuddelt. Manche waren noch dabei, aus den Larven, den Engerlingen, zu kriechen. Wir Kinder haben ihnen ein bißchen aus der Erde geholfen. – Riech mal.«

Maxi und Moritz schnuppern an dem großen, braunen Käfer auf Großvaters Hand. Er hat zwei Fühler wie kleine Besen und seitlich weiße Zackenmuster. Nach Erde riecht er.

»Und warum gibt es heute nicht mehr so viele?« fragt Moritz.

»Weißt du«, sagt seine Mutter, die Tante Mia. »Die waren nicht nur gut zum Sammeln und Tauschen. Elende Schädlinge waren sie.«

»Stimmt, die Engerlinge im Garten unter der Erde haben viele Wurzeln zernagt. Das machen die übrigens vier Jahre lang!«

»Wieso vier Jahre lang? Bleiben Maikäferlarven so lange unter der Erde?« fragt Maxi.

»Ja.« Onkel Bernhard nickt. »Heute gibt es diese Krabbeltiere ja nur noch selten. Man nimmt an, weil sie durch Unkrautvertilger und andere schädliche Umwelteinflüsse so ziemlich ausgerottet sind.«

»Aber mindestens einer ist übriggeblieben. Wenn der noch eine Frau findet, geht alles wieder von vorn los«, lacht Maxi. »Und was machen wir jetzt mit ihm?«

»Frühstück für die Hühner«, grinst der Großvater.

Da traut Maxi sich, den Käfer zu retten. Sie hält ihn auf der Hand ans offene Fenster. Er hebt die Flügel auf und ab, so, als ob er Luft in sich pumpt. Bssss – bsss – schon ist er weg.

Und nun wird das Licht wieder ausgeknipst, und alle können weiterschlafen.

»Maxi«, flüstert Moritz. »Soll ich dir noch erzählen, wodurch der Einarmige seinen Arm verloren hat? Das war nämlich –«

»Hör auf!« ruft Maxi. »Den Einarmigen gibt es doch gar nicht.«

Unendliches Maikäfergedicht

Zwei Käfer gehn auf Hochzeitsflug,
den Wolken schweben sie entgegen.
Das Weibchen hat schon bald genug,
es muß hinab zum Eierlegen.
Die Eier, die im Boden ruhn,
sind weder traurig noch sehr heiter.
Draus schlüpfen Larven. Was die tun?
Andauernd fressen und nichts weiter.

Wo sie ein Würzelchen entdecken,
verzehren sie es blind und eilig.
Ein Engerling, der läßt's sich schmecken,
dem ist kein einzges Pflänzchen heilig.
Er puppt sich ein, tief in der Erde,
dann wird er endlich Käfer, schau!
Damit sein Stamm erhalten werde,
sucht er im Mai gleich eine Frau.

Die zwei, die gehn auf Hochzeitsflug,
den Wolken schweben sie entgegen . . .

Sommer

Geh aus, mein Herz

Text: Paul Gerhardt 1656
Melodie: August Harder 1813

Geh aus, mein Herz und su- che Freud in die-ser lie-ben Som- mers-zeit an dei-nes Got - tes Ga-ben. Schau an der schö-nen Gär -ten Zier und sie-he, wie sie mir und dir sich aus-ge- schmük-ket ha-ben, sich aus-ge-schmük-ket ha-ben.

2. Die Bäume stehen voller Laub,
das Erdreich decket seinen Staub
mit einem grünen Kleide.
Narzissus und die Tulipan,
die ziehen sich viel schöner an
als Salomonis Seide.

3. Die Lerche schwingt sich in die Luft,
das Täublein fliegt aus seiner Kluft
und macht sich in die Wälder.
Die hochbegabte Nachtigall
ergötzt und füllt mit ihrem Schall
Berg, Hügel, Tal und Felder.

4. Ich selber kann und mag nicht ruhn;
des großen Schöpfers großes Tun
erweckt mir alle Sinnen.
Ich singe mit, wenn alles singt,
und lasse, was dem Höchsten klingt,
aus meinem Herzen rinnen.

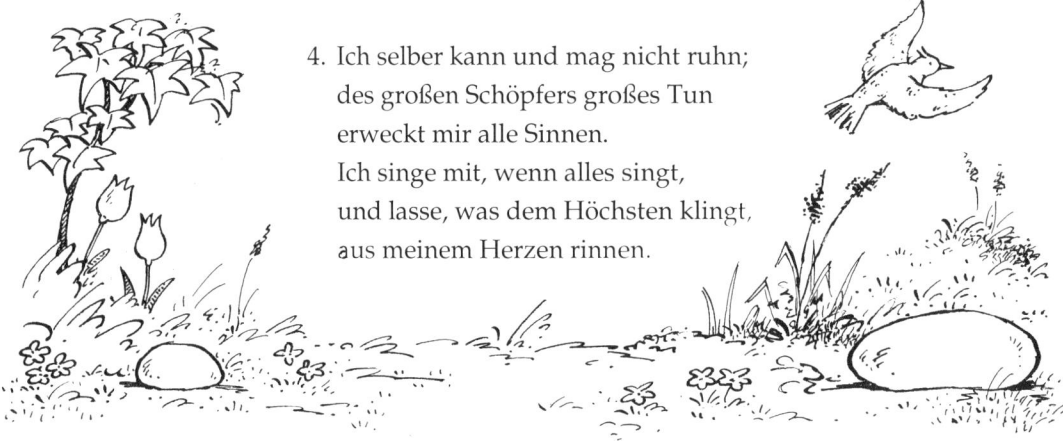

Schon gewußt?

Am 21. Juni ist der längste Tag des Jahres! Am Tag der Sonnenwende verläßt uns die Sonne nur noch fünf Stunden. Gleichzeitig beginnt der Sommer.

Könnt ihr euch vorstellen, daß am nördlichen Polarkreis, die Sonne an diesem Tag überhaupt nicht untergeht? Dort wird die Mitternachtssonne gefeiert.

Stockbrot backen

Die ersten Sommerabende sind schon so lau, daß ihr unbedingt einmal im Freien Stockbrote backen solltet. Ihr braucht dazu viele nette Leute, eine Stelle, an der man Feuer machen darf, ohne daß es gefährlich werden kann, Holz fürs Feuer und gesammelte Stöcke.

Das braucht ihr für den Teig:

☞ 1 Pfund Mehl

☞ 1 Tütchen Trockenhefe

☞ 1 Ei

☞ 1 Eßlöffel Margarine

☞ ¼ Liter Wasser

☞ Salz, Gewürze wie Thymian, Curry, süßen Paprika

In einem Kochtöpfchen erwärmt ihr Wasser und Margarine, bis diese zerfließt. Mischt Hefe, Ei und Salz in einer Schüssel unter das Mehl. Die Flüssigkeit gebt langsam dazu. Das Ganze wird geknetet. Dann muß der Teig »gehen«. Dazu bedeckt ihr die Schüssel mit einem Tuch und stellt sie an einen warmen Ort.

Wenn der Teig etwa doppelt so groß geworden ist, knetet ihn noch einmal durch, und dann kann es losgehen.

Die Stöcke sollten sauber und blattlos sein. Zieht eine Handvoll Teig in die Länge, und umwickelt ein Stockende. Das dreht ihr über dem offenen Feuer, bis der Teig knusprig aussieht. Den Stock bitte nicht mitessen . . .

Kann jemand Gitarre oder ein anderes Instrument spielen? Macht Musik und singt dazu, und wenn einige von euch lustige oder abenteuerliche Geschichten erzählen können, dann wird es ein unvergeßliches Erlebnis.

Als Nachtisch gibt's Kartoffeln, die ihr in Alufolie wickelt und in die Glut legt.

Abendsonnenball

Rollst du nie von Dächern oder Hügeln?
Kannst du oben auf dem Tannenwald
gänzlich schwindelfrei herumspazieren?
Paß nur auf, du stolperst sicher bald –
mußt jetzt über Wolken balancieren!

Oder wirst du sanft davongeblasen,
lautlos wie ein roter Luftballon?
Wirst geschoben? Wirst vielleicht geritten?
Armer Kullerball, nun bist du schon
unten an der Kante abgeschnitten.

Deine letzten Strahlen werfen kalte,
ellenlange Schatten in das Gras.
Dann versinkst du schöner Purpurreifen
in der unbekannten Felsenspalte.
Möchtet ihr nicht auch mal so zum Spaß
mitten in das Gold des Himmels greifen?

Der Schatz vom Heiduckenhügel

Fieber! Halsschmerzen! Und Theo durfte nicht mit . . .

Seine Klasse fuhr mit Frau Lutz zum Ruchsee. Sie wollten den geheimnisvollen Schatz suchen, der auf dem Heiduckenhügel vergraben sein soll! Auf dem Flohmarkt hatte Frau Lutz in einem zusammengeklappten Zylinderhut einen Schatzplan gefunden. Er war völlig zerknittert und vergilbt. Vermutlich hatte ihn eine Räuberbande vor Jahrhunderten angefertigt. Der Ruchsee mit dem Weg hinauf zum Aussichtsturm war gut zu erkennen. Die alte Karte zeigte verblaßte Zeichen, Pfeile und Kreuze und nah am Turm ein schwarzes Viereck mit einem Fragezeichen.

Theo schwitzte unter seiner Zudecke. Er starrte an die Wand. Dort putzte sich eine Stubenfliege. Wenn seine Klasse den Schatz tatsächlich finden würde, wäre Theo nicht dabei . . . Was es wohl für ein Schatz war? Er konnte nicht länger nachdenken, die Augen fielen ihm zu. Inzwischen füllte ein seltsames Summen das Zimmer, als ob ein Schwarm Fliegen herumschwirrte. Das machte schläfrig . . .

Theo blinzelte aus den Augenwinkeln. Da war nichts – oder doch, was geschah mit der Tapete? Veränderte sie nicht ganz allmählich ihre Farbe? Ein hellblauer, silbriger Schimmer überzog sie. Die Wände traten zurück und weiteten sich zu einem großen Saal. Theos rote Kinderzimmermöbel verwandelten sich zusehends in Säulenschränkchen mit zierlichen Schnitzereien.

Und sein Bett? Was war mit seinem Bett geschehen? Über ihm wölbte sich ein tiefblauer Seidenhimmel mit Mondgesichtern. Sie lächelten ihm zu, und gleichzeitig sahen sie traurig aus.

Theo rutschte aus dem Bett. Er stand da in knöchelhohen Stiefeln aus Ziegenleder mit Schnallen und Schleifen. Unsichtbare Hände hatten ihn in ein rotes Samtgewand gesteckt.

Nachdem er die kostbare Einrichtung ausgiebig bewundert hatte, entdeckte Theo am anderen Ende des Saales eine Eichentür. Sie ließ sich leicht öffnen, obgleich sie groß und wuchtig war. Nebenan lag ein noch prächtigerer Raum. Die Neugierde trieb Theo weiter. Und wann immer er eine neue Tür aufmachte – die Pracht wurde noch größer. Ganz sicher befand er sich in einem Königsschloß.

Zum Schluß stand er unter einer hohen Kuppel, unter deren Rund weiße Vögelchen flatterten. Seltsam – hier gab es nur eine morsche, alte Holztür. Ohne daß Theo irgend etwas berührte, öffnete sie sich einen Spalt. Vorsichtig schob er den Kopf hindurch, zog ihn aber sofort zurück: Pechschwarze Finsternis gähnte ihm entgegen. Und plötzlich fiel auch der Kuppelsaal in unheimliches Dunkel.

Erschrocken tastete Theo umher, bis er die alte Tür fühlte. Knarrend ging sie ganz auf. Im selben Augenblick sprang im Nebenraum die Flamme einer Fackel an. Ein Kellergewölbe lag vor ihm, und in seiner Mitte sprühte ein magisches Flimmern und Funkeln. Theo näherte sich vorsichtig. Es drang aus einer Truhe, die auf einem Glassockel stand. Theo sah gebannt zu, wie sich ihr Deckel langsam hob. Das war ... Ihm stockte der Atem. Natürlich, er hatte den Schatz gefunden! Winzige goldene und silberne Funkensplitterchen tanzten im Innern der Truhe.

Theo wollte sie mit den Fingerspitzen berühren, spürte sie jedoch nicht. Und während er dastand, in ihren Anblick versunken, wußte er: Es war dasselbe geheimnisvolle Licht, das den Mond in sternklaren Nächten zum Leuchten bringt.

Fast unmerklich füllte sich das Gewölbe mit dem gleichen Summen, das Theo im Kinderzimmer vernommen hatte. Wie Wind klang es, aber bald sang ein Chor von Flüsterstimmen: »Bei Tag wird's vergehen, bei Nacht bleibt's bestehen, bei Tag ...«

Mit einemmal sehnte Theo sich nach seinem Bett. Ihn fröstelte, er wollte nach Hau-

se. Da mußte er sich beeilen! Das Funkensprühen erlosch, der Deckel der Truhe schloß sich. Huschende Schatten flogen die Mauern entlang. Nur die einzelne Fackelflamme züngelte noch schwach.

Weg, nur weg, bevor die Finsternis wiederkehrte! Wo war die morsche Tür? Suchend streckte Theo die Arme aus und tappte umher. Er nahm einen schwachen Schimmer wahr, der ihm leuchtete. Ach, seine Finger waren das! Ein Hauch Mondlicht war daran haftengeblieben. Theo folgte seinen Händen durch das Gewölbe und dann eine Treppe hinauf. Unzählige Stufen stieg er um eine Säule herum in die Höhe, bis er überrascht ins Freie trat.

Auf dem Aussichtsturm stand er, ganz oben auf dem Heiduckenhügel! Er lehnte sich über die Mauerbrüstung. Wie ein kleiner, grüner Spiegel lag dort unten zwischen den Bäumen der Ruchsee.

Jetzt hörte er lärmende, lachende Stimmen von Kindern. Und ganz deutlich verstand er, was Frau Lutz ihnen zurief: »Hier, die Stelle mit dem Fragezeichen. Nun grabt drauflos!«

Gemeinsam hoben die Klassenkameraden ein Erdloch aus. Sie stießen bald auf eine Kiste.

»Der Schatz! Der Schatz!« schrien alle durcheinander.

Theo befiel große Furcht, es könnte *sein* Schatz sein.

»Nicht öffnen!« rief er hinunter. »Bei Tag wird er vergehen! Bei Nacht, nur bei Nacht kann er bestehen!« Doch sein Rufen ging im allgemeinen Lärm unter.

So schnell er konnte, sauste er die Turmstufen hinunter. Das Mondlicht . . . Sein wunderbares Funkeln würde erlöschen – das durfte Theo nicht zulassen!

Aber er kam wohl zu spät. Gerade schon öffnete sein Freund Rob die Kiste. Drinnen lagen . . . bunte Perlenketten, Klimpersachen, Goldmünzen aus Schokolade!

Kein Mensch kann sich vorstellen, wie erleichtert Theo war.

»He, wie siehst du denn aus?« fragte ihn nun Frau Lutz.

Er trug ja noch immer das rote Samtgewand. Was sollte er der Lehrerin antworten? Er schwieg. Und dabei wurde ihm klar, daß er ohne dieses Gewand nie wieder Zutritt zum unterirdischen Schloß erhalten würde.

Aber wollte Theo das überhaupt? War es nicht genauso aufregend schön, nachts in den Himmel zu sehen? War der Schatz nicht immer schon dagewesen in sternklaren Nächten, ganz fern, wo ihn niemand zerstören konnte?

Er würde seinen Schatz wiedersehen, gleich heute nacht. »Bei Tag wird er vergehen, bei . . .«

Ja, Theo begriff. Vollmond stand im Kalender. Und es zog keine einzige Wolke über den Himmel.

Feine, kleine Steine

Kinder, hebt die Beine,
hier sind lauter Steine,
große, dicke, kleine,
spitze, runde, feine!

Kinder, ihr dürft fühlen,
in den Steinen wühlen,
eure Hände kühlen,
mit den Steinen spielen!

Kinder, nicht dran lecken,
weil sie gar nicht schmecken!
Meiner hat drei Ecken
und noch bunte Flecken!

Hallo, Kinder!

Zu diesem Steingedicht könnt ihr Steine sammeln und ganz viel mit ihnen ausprobieren.

Musik und andere Beschäftigungen

☞ Jeder nimmt zwei größere, runde Steine locker in die Hände. Es geht reihum, jeder von euch erfindet einen anderen Rhythmus.
Einer schlägt den Grundrhythmus, beim Dreiertakt gleichmäßig **1,** 2, 3 und beim Vierertakt **1,** 2, 3, 4.
Setzt nacheinander mit eurem Rhythmus ein, bis alle gleichzeitig klingen.

☞ Steine klingen auch, wenn ihr sie aneinander reibt oder unter den Handflächen rollt, etwa auf einer Tischplatte, einem Kuchenblech, einem Teller und ähnlichem. Probiert möglichst vieles aus!

☞ Begleitet mit Steinen euer Lieblingslied!

☞ Findet heraus, was man mit Steinen noch kann: werfen, bauen, sammeln, sie in einem Wasserglas aufbewahren, anmalen, Tiere daraus basteln, Briefbeschwerer daraus machen und vieles mehr.

☞ Erzählt eine Rundgeschichte: »Mein Stein ist von einem Berg heruntergefallen . . .« Und wie geht das Abenteuer weiter?

Spiele für viele

Schatzsuche

Irgendwo draußen in der freien Natur geht ihr gemeinsam auf Schatzsuche. Vorher sprecht ihr ab, in welchem Umkreis gesucht wird, beispielsweise ab einem bestimmten Baum bis zum Wegrand. Dieses Revier erkundet ihr vorher genau, wobei jeder von euch nach einem besonderen Gegenstand Ausschau hält, etwa einem besonders geformten Zweig, einem eigenartigen Stein, einer losen Wurzel, einem Stück Moos. Einer von euch beginnt mit dem Beschreiben seines Fundstücks, ohne dessen Namen zu nennen. Während die anderen suchen, erhalten sie kleine Hinweise: einmal pfeifen = entgegengesetzte Richtung, zweimal = richtige Richtung, dreimal = ganz nah.

Alle eure Schätze sollen gefunden werden. Legt daraus auf Moos oder Gras ein Naturbild, wobei ihr noch andere Fundstücke hinzufügen könnt.

Wassermühlräder

Aus kleinen Astgabeln, Stöckchen und Gräsern zum Binden baut in den Bach Wassermühlrädchen, so wie auf dem Bild:

Schlange im Bach

Ein bißchen Wassertreten regt die Durchblutung an! Hier ein kurzes Spiel, das euch erfrischt: In einer Reihe hintereinander steht ihr im seichten Bach- oder Seewasser und umfaßt die Taille des Vordermannes; so bildet ihr eine Schlange. Der vorderste von euch ist der Schlangenkopf, der sich in den Schwanz beißen möchte. Also los, versucht es gemeinsam – nur leider läßt sich der Schwanz nicht fangen!

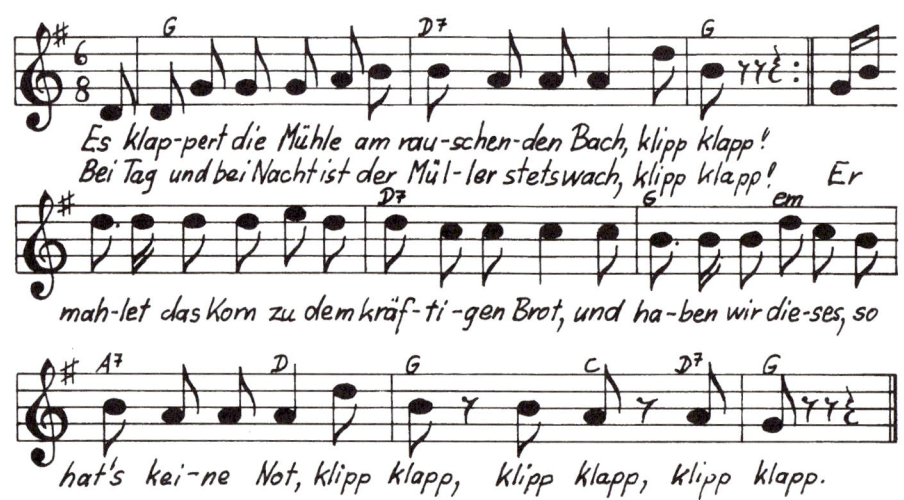

Es klappert die Mühle

Text: E. Anschütz 1824
Volksweise, Anfang des 19. Jahrhunderts

G D7 G
Es klap-pert die Mühle am rau-schen-den Bach, klipp klapp!
Bei Tag und bei Nacht ist der Mül-ler stets wach, klipp klapp! Er
D7 G em
mah-let das Korn zu dem kräf-ti-gen Brot, und ha-ben wir die-ses, so
A7 D G C D7 G
hat's kei-ne Not, klipp klapp, klipp klapp, klipp klapp.

2. Flink laufen die Räder und drehen den Stein, klipp klapp!
Und mahlen den Weizen zu Mehl uns so fein, klipp klapp!
Der Bäcker dann Zwieback und Kuchen draus bäckt,
der immer den Kindern besonders gut schmeckt,
Klipp klapp, klipp klapp, klipp klapp.

3. Wenn reichliche Körner das Ackerfeld trägt, klipp klapp!
Die Mühle dann flink ihre Räder bewegt, klipp klapp!
Und schenkt uns der Himmel nur immerdar Brot,
so sind wir geborgen und leiden nicht Not.
Klipp klapp, klipp klapp, klipp klapp.

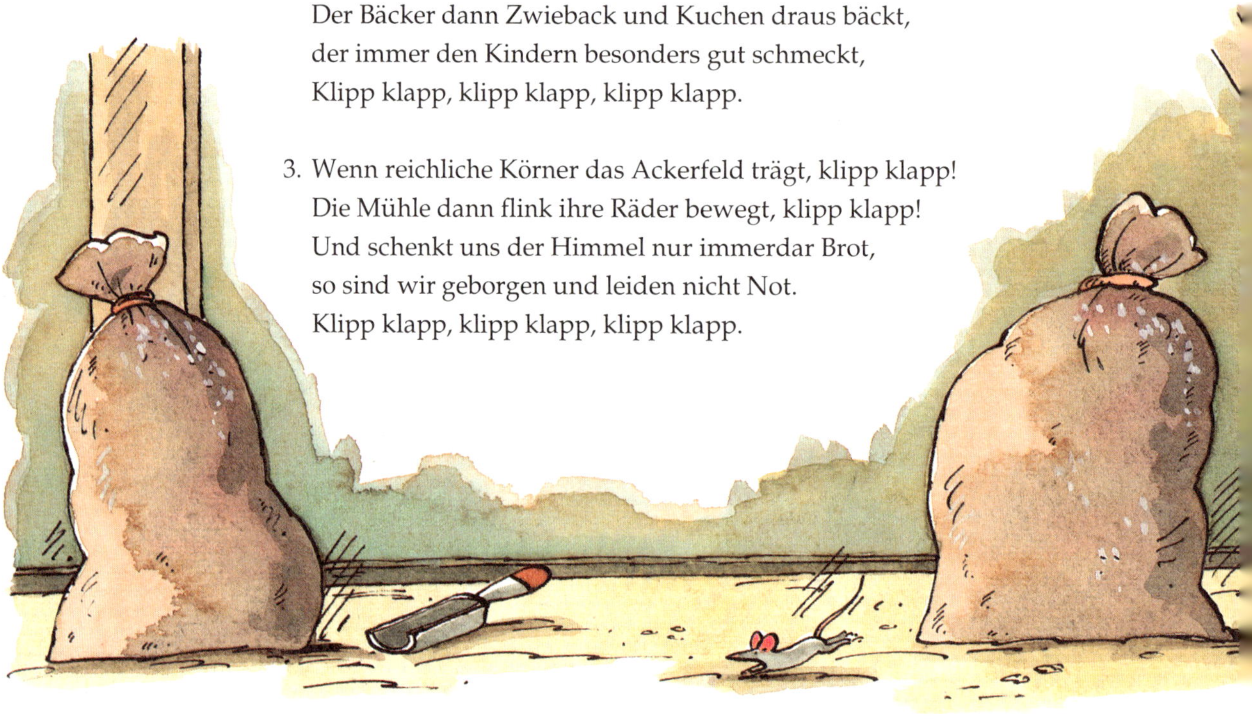

Spielvorschlag:

Damit man die Mühle klappern hört, begleitet ihr das Lied mit Klanghölzern, Holzblocktrommeln, Holzröhrentrommeln und Kastagnetten. Die Klanghölzer schlagen gleichmäßig leise einen Dreiertakt, den ersten Schlag betont. Zu »klipp klapp« setzt ihr die anderen Instrumente mit zwei Schlägen ein. So sehen die Schlaginstrumente aus:

Klanghölzer

Eines locker in der hohlen Hand halten, mit dem zweiten schlagen

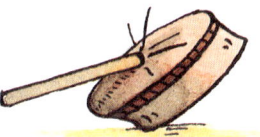

Holzröhrentrommel

Mit Daumen und Zeigefinger halten, abwechselnd rechts und links mit dem Holzschlegel anschlagen

Holzblocktrommel

Auf der Handfläche halten und mit einem Holzschlegel anschlagen

Kastagnette

Am Stiel halten und in die gestreckte andere Handfläche schlagen

Strandsand

Leise rinnt durch meine Hand
feiner, weißer Sand vom Strand.
He, ich mach den etwas nasser.
Darum geh ich jetzt ans Wasser.

Meine Hände können wühlen,
matschen, graben, schaufeln, fühlen.
Wie die nasse Pampe glitscht!
Wie sie schmiert und schmatzt und flitscht!

Seht, ich kann auch darauf gehen,
erst auf Hacken, dann auf Zehen.
Meine Spuren zeigen dir:
Hier spaziert ein Trampeltier!

Watsche-platsch, klecker-klatsch,
ich bau mir eine Burg aus Matsch.
Kommt mich bitte gleich besuchen,
ich back Eierpampekuchen!

Quaddels Sommerrezepte

Bananenschiffchen

Schneidet eine Banane mitsamt Schale längs in zwei Schiffchenhälften und flacht den Boden etwas ab, damit sie nicht umfallen. Mit Holzzahnstochern spießt verschiedene Obststücke darauf.

In das Bananenfleisch könnt ihr noch Nüsse, Mandeln und Rosinen drücken. Ein Schaschlikholzstab ist der Mast mit eurem Namensschild. Bananenschiffchen sind auch tolle Geburtstags-Platzkarten!

Eismokka

In einen Krug gebt je einen Eßlöffel Malzkaffeepulver, Ovomaltine und lösliches Kakaopulver.

Gießt eine halbe Tasse kochendes Wasser darüber und rührt gut um. Füllt den Krug mit etwa einem Liter kalter Milch, und schlagt Schlagsahne.

In breite Gläser gebt Vanille- oder Schokoladeneis, den Mokka und obendrauf ein Häubchen Schlagsahne – schmeckt supertoll!

Es ist die Zeit für ein Sommerfest!

Basteln im Freien

Sonnenuhren

Dazu braucht ihr:

☞ 1 größeren Tonblumentopf für jede Uhr

☞ 1 runden Holzstab, etwa 30 cm lang

☞ Plakafarben, Pinsel

☞ schwarze Faserschreiber

☞ 1 kleine Knetekugel

☞ einen Wecker

Heute müßt ihr früh aufstehen, denn um 8 Uhr sollt ihr beginnen. Bemalt am Tag vorher die Tontöpfe mit den schönsten Mustern und Figuren, den oberen äußeren Rand vielleicht mit einer Girlande.

Stellt euren Topf an einen sonnigen Platz. In das kleine Loch im Boden des Topfes drückt ihr die weiche Knetekugel und steckt den Stab fest und aufrecht hinein.

Sonnenuhren könnt ihr nur an einem wolkenlosen Sommertag herstellen, also halten wir die Daumen für schönes Wetter!

Punkt 8 Uhr markiert ihr am inneren Topfrand, wohin der Schatten des Stabes fällt. Schreibt darunter mit Filzstift eine 8. Stellt den Wecker auf 9 Uhr, denn dann wird der nächste Strich fällig. So fahrt fort, bis ihr zwölf Stunden markiert habt. An den nächsten Schönwettertagen könnt ihr an eurer Sonnenuhr tagsüber die genaue Uhrzeit ablesen.

Rollbild auf Packpapier

Dazu braucht ihr:

- ☞ 1 Meter Packpapier von der Rolle
- ☞ 2 flache, dünne Holzstäbe
- ☞ 1 kleinen runden Blumenholzstab
- ☞ Stoffreste, Bindfaden
- ☞ umweltfreundliche Wandfarbenreste
- ☞ Malerpinsel, Hammer und Nagel
- ☞ Kleber

Umwickelt den runden Stab zur Hälfte mit Stoffresten.

Rollt das Packpapier aus. Tragt auf den Stoff rundum satt eine der Farben auf und wälzt ihn quer übers Papier.

Pinselt eine zweite Farbe auf den Stoff, wälzt ihn wieder auf dem Papier auf und ab, im Kreis herum, in die Lücken hinein oder über das erste Farbmuster. So entstehen schöne Farbabstufungen.

Damit ihr euer Rollgemälde aufhängen könnt, streicht Kleber am oberen und am unteren Rand auf.

Wickelt je einen der flachen Stäbe zur Rückseite hin ein, damit das Bild straff hängt. Schlagt in einigem Abstand zwei kleine Nägel auf gleicher Höhe in die Wand und legt das Bild am oberen Stab darüber.

Rätsel

Scheint die Sonne, ist er da,
dieser dunkle Fleck.
Klebt dir an den Fersen fest,
geht und geht nicht weg.
Spring im Flur die Treppe rauf –
schon löst er sich in gar nichts auf.

(SCHATTEN)

Die Seereise

Text und Melodie: Christa Zeuch

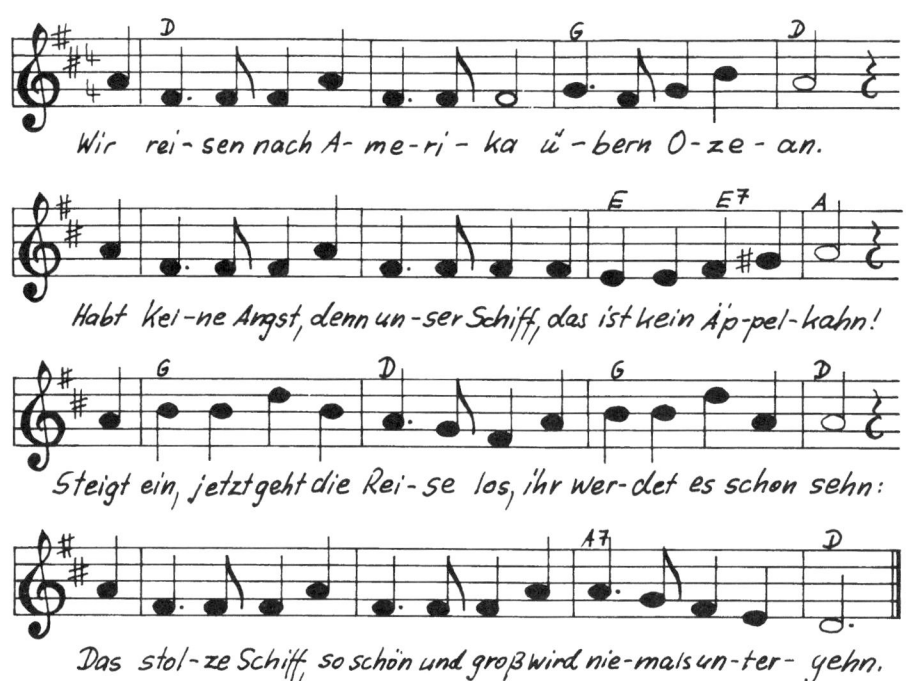

Wir rei-sen nach A-me-ri-ka ü-bern O-ze-an.

Habt kei-ne Angst, denn un-ser Schiff, das ist kein Äp-pel-kahn!

Steigt ein, jetzt geht die Rei-se los, ihr wer-det es schon sehn:

Das stol-ze Schiff, so schön und groß wird nie-mals un-ter-gehn.

2. Wir brauchen einen Kapitän,
   wen brauchen wir denn noch?
   Wer muß in der Kombüse stehn?
   Auf jeden Fall der Koch.
   Wer hißt die Segel, schrubbt das Deck?
   Wer steht am Ruder vorn?
   Die Mannschaft fehlt noch, die ist weg.
   Die ging doch nicht verlorn?

3. Kaum ist die Mannschaft dann an Bord,
   brüllt schon der Steuermann:
   »Zuerst geht's mal in Richtung Nord!
   Das zeigt der Kompaß an!
   Jetzt packt mal alle kräftig zu,
   gleich drehn wir ab nach West!«
   Da flitzen alle los im Nu
   und ziehn die Taue fest.

4. Nun treibt das Schiff im offnen Meer,
   die Segel aufgebläht.
   Die Möwen kreischen nebenher,
   'ne leichte Brise weht.
   Der Himmel blau, so 'n bißchen Wind –
   ist das nicht herrlich so?
   Und alle Seemannsleute sind
   fidel und ganz oho.

5. Potz Blitz, es ziehen Wolken auf,
   ein Sturm ist nicht mehr fern.
   Jetzt geht es rund, verlaßt euch drauf,
   denn Sturm hat niemand gern.
   Schon wankt das Schiff, es stürmt mit Macht,
   die Wellen schlagen hoch.
   Die Segel flattern, alles kracht.
   Da fürchtet sich der Koch.

6. Auf Deck nun rasen alle los
   und sichern jedes Tau.
   Was ist das mit den Segeln bloß?
   Die knattern mit Radau.
   Der Käpt'n brüllt: »Jetzt zeigt mal Kraft!«
   Der Steuermann steht fest
   am Ruder, der ist ganz geschafft,
   die andern sind durchnäßt.

7. Da dreht der Wind, und ruhig schwimmt
   das Schiff und wankt nicht mehr.
   Den Besen und den Eimer nimmt
   sich jetzt der Bootsmaat her.
   Verflixt, das Deck ist wie ein See,
   der muß jetzt erst mal weg.
   Der Bootsmaat ruft die andern: »He,
   jetzt schrubbt mal mit das Deck!«

8. Grad kocht der Koch ein Fischgericht.
   Da schreit der Kapitän:
   »He, Leute, da ist Land in Sicht!
   Ich hab's zuerst gesehn!«
   Die Mannschaft johlt und tanzt umher.
   Es ist Amerika!
   Das liegt, wie jeder weiß, am Meer.
   Hurra, jetzt sind wir da!

Spielvorschlag:

Dieses Lied kann aufgeführt werden, zum Beispiel beim Schulsommerfest. Eine ganze Klasse kann mitspielen. Verkleidet euch als Schiffsmannschaft und tragt Requisiten zusammen. Das sind alle Gegenstände, die im Lied vorkommen: eine Pfanne für den Koch, Schrubber, Eimer, als Segel einen Besen mit Handtuch . . . Während ein Teil der Kinder singt, führt ihr anderen pantomimisch – ohne Worte, nur mit Bewegungen – auf, was alles passiert. Je komischer eure Einfälle sind, um so mehr Erfolg werdet ihr bei den Zuschauern haben.

Das Spinatgespenst

Oder: Warum Jonathan neuerdings Spinat lieber mag als Spaghetti

Jonathan saß vor seinem Teller. Mama schwappt ihm einen ordentlichen Klacks Spinat drauf, einen ordentlichen Klacks Kartoffelbrei dazu und noch einen ordentlichen Klacks Rührei.

»Iß, Junge«, sagte Mama, »Spinat ist gut für die Gesundheit.«

Papa betonte: »Das ist keiner aus der Tiefkühltruhe. Er ist frisch aus dem Garten. Deshalb ist er besonders gesund.«

Er schlürfte Jonathan vor, wie gut der Spinat schmeckte. »Hast du früher viel Spinat essen müssen?« fragte Jonathan seinen Vater. »Essen dürfen«, antwortete der und zeigte seine Muskeln, was bedeuten sollte, daß Spinat auch stark macht.

Jonathan wußte überhaupt nicht, ob er jemals so dicke Muskeln brauchte. Die hatten außerdem Zeit, bis er so alt war wie der Papa. Eines jedenfalls wußte er genau: Spinat war nicht gerade sein Lieblingsessen. Weil Mama aber so guckte, hob Jonathan die Gabel hoch. Er tunkte sie zuerst ins Kartoffelpüree, dann in die Eier. Und jetzt war der Spinat dran . . .

Spinat, Spanit, Stinap, Pinast . . . dachte Jonathan. Was sich aus Spinat alles machen läßt.

Anipst – he, mitten in dem Grünzeug blubberte es. Eine dicke Blase stieg neben Jonathans Gabel empor, blpp-blpp.

»Mama!« schrie Jonathan begeistert. »Auf meinem Teller macht es blpp!«

»Mensch, iß doch endlich!« mahnte sein Vater ungeduldig.

Da sah Jonathan ganz genau, wie noch eine Blase aufstieg.

Seine Eltern waren inzwischen fertig.

»Du bleibst hier sitzen, bis du mindestens noch drei Löffel voll gegessen hast«, bestimmte Mama. Und so blieb Jonathan sitzen.

Das Blubbern hörte nicht auf. Allmählich wurde die Blase größter und größer, schwappte fast über den Tellerrand. Etwas Rundes kam zum Vorschein, das ein Gesicht hatte. Es riß sein gräßlich spinatgrünes Mäulchen auf und ließ einen dicken Spinatnieser los. Jonathan war von oben bis unten voller Spinatsommersprossen.

»Du spinnst wohl!« sagte Jonathan entrüstet. »Mich so vollzuniesen! Bist du ein Frosch?«

»Frosch?« das kleine Ungeheuer kletterte auf Jonathans Gabel. »Ich bin ein gefährliches Spinatmonster!«

»Haha«, kicherte Jonathan. »Wer's glaubt! Dafür, daß du so klein bist, bist du ein ziemliches Großmaul!«

Das kleine Spinatgespenst wurde wütend. Es trampelte mit den Füßen auf der Gabel herum, daß die Zinken klimperten. Davon

kleckerte ganz viel Spinatgrün auf die Tischdecke.

Langsam hob Jonathan die Gabel an seinen Mund. »Ich freß dich jetzt«, drohte er und schielte gefährlich mit den Augen.

Da fing das grüne Gespenst an zu weinen. »Nicht fressen!« jammerte es. »Ich erzähl dir auch eine Geschichte, ehrlich!«

»Eine spannende?« fragte Jonathan.

»Eine gefährliche, geheimnisvolle, ganz gemeine, spannende.«

In diesem Augenblick sprang das Gespenstchen kopfüber in den Spinat zurück und tauchte unter. Und das war gut, denn Jonathans Mutter sah nach, wie weit ihr Sohn mit dem Grüngemüse vorangekommen war. Aber der Teller war noch voll, und Jonathan mußte sitzenbleiben.

Als Mama wieder draußen war, flüsterte Jonathan: »He, bist du noch da? Du hast mir eine Geschichte versprochen.«

Da tauchte es wieder auf. »Am besten kommst du mit mir«, sagte es. »Dann kann ich dir alles zeigen. den Spinattümpel und meine Geschwister, die gespenstischen Grüngrützen und Großvaters Spinatgespenst. Dann verstehst du meine Geschichte besser.«

Jonathan tupfte das Spinatgespenst an der Tischdecke ab und steckte es in die Hosentasche. Er aß rasch den Teller leer, sogar den Spinat. Denn nun durfte er nach draußen.

Das spinatgrüne Gespenst wollte lieber in Jonathans Ohr sitzen und ihm den Weg hineinflüstern. Er führte ihn zu Mamas Gemüsegarten.

»Halt!« sagte es. »Hier bin ich geboren. Setz mich auf deine Hand.«

Kaum hatte Jonathan das getan, als das Spinatgespenst mit einem doppelten Salto hinabsprang, irgendwo zwischen die grünen Spinatblätter. Und als er sich hinunterbeugte, hörte er ein Geraune, Gekicher und Gewisper. Eine Stimme vernahm er besonders deutlich: die vom kleinen Spinatgespenst.

Jonathan ärgerte sich.

»Du hast mich angeschmiert!« rief er. »Im Gegensatz zu dir habe ich mein Versprechen gehalten!«

»Wenn es das nächste Mal Spinat gibt, bin ich wieder auf deinem Teller, ehrlich«, versprach er. »Dann erzähle ich dir von den Grüngrützen und vom Spinattümpel, abgemacht?«

Von da an blieb es still im Spinatbeet, so sehr Jonathan auch nach dem Gespenst rief. So ein kleines Biest! Aber Jonathan wußte, was er zu tun hatte. Er rannte ins Haus.

»Mama«, japste er aufgeregt. »Kochst du morgen wieder Spinat? Bitte!«

»Also wirklich nicht«, antwortete Mama. »Oder – magst du Spinat neuerdings lieber als Spaghetti?«

Das beteuerte Jonathan so hoch und heilig, daß seine Mutter einverstanden war. Denn ganz sicher würde das kleine Gespenst nicht auf einem Spaghettiteller Geschichten erzählen . . .

Musik im Karton

Text und Melodie: Christa Zeuch

Wir sit-zen in der Ki-ste drin, wir sit-zen im Ver-steck. Hört
Mu-sik, Mu-sik ist im Kar-ton, wir schla-gen Stein auf Stein, Bon-

her und seht mal al-le hin, sonst kriegt ihr ei-nen Schreck:
bon, Kar-ton und Luft-bal-lon, ein Reim soll auch noch sein.

2. Wir sitzen . . .
Musik, Musik ist im Karton,
und darauf sind wir stolz.
Bonbon, Balkon und Luftballon,
wir schlagen Holz auf Holz:

4. Wir sitzen . . .
Musik, Musik ist im Karton
mit Stein und Holz und Blech.
Bonbon, Balkon und Luftballon,
jetzt sind wir alle »wech«.

3. Wir sitzen . . .
Musik, Musik ist im Karton,
wir schlagen Blech an Blech.
Bonbon, Balkon und Luftballon,
mit Blech, da klingt es frech:

Spielvorschlag:

Es spielen mit:

☞ abgerundete, aneinandergeschlagene »Kling-
steine«

☞ kurze Bambushölzer aus einem Geschäft für Gar-
tenzubehör

☞ leere Blechdosen, über deren scharfe Ränder
Klebeband geklebt wird

☞ drei große, schön angemalte Kartons, z.B. von
Waschmaschinen

So wird gespielt:

In jedem Karton hocken drei von euch, jeweils mit
Holz-, Stein- oder Blechinstrumenten. Ihr singt: »Wir
sitzen . . .« Man sieht nur eure Arme, die rhythmisch
im Wechsel herausgestreckt oder versteckt werden.
Bei »Musik, Musik« steht die Kartongruppe mit den
Steinen auf, schlägt den Takt damit und spielt das
Zwischenspiel. In den nächsten Strophen sind Holz
und Blech dran, in der letzten alle gemeinsam. Bei
»wech« hockt ihr blitzschnell wieder.

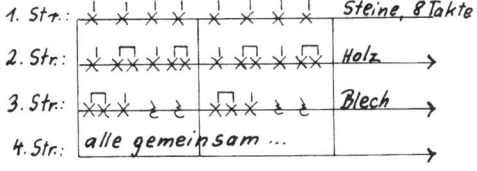

1. Str.: ↓ x ↓ x ↓ x ↓ x | ↓ x ↓ x ↓ x ↓ x   Steine, 8 Takte
2. Str.: ↓ xx ↓ xx ↓ xx ↓ xx | ↓ xx ↓ xx ↓ xx ↓ xx   Holz →
3. Str.: xx x ↓ ‿ | ↓ xx x ↓ ‿   Blech →
4. Str.: alle gemeinsam . . .   →

Hier eine Kartonidee fürs Sommerfest im Freien

Ein Kartontheater

Dazu braucht ihr:

☞ jede Menge Pappkartons in verschiedenen Größen

☞ Pinsel und Farben

Hier können viele Kinder mitmachen, zum Beispiel eine ganze Schulklasse.

Jeder von euch bemalt eine Seite eines Kartons mit einem wunderschönen Muster in wunderschönen Farben. Nun baut ihr die Kartons ähnlich auf wie auf der Zeichnung.

Durch das Fenster könnt ihr Theater spielen. Wie? Verkleidet doch mal Kochlöffel und Suppenkellen als Schauspieler und denkt euch selber ein Stück aus . . .

HOLZ

NAGEL

Opa bei den Dromedaren

In den Sommerferien besuchte ich meine Großeltern in Berlin. Gleich am ersten Sonntagmorgen machte Oma den Opa fein, mit weißem Oberhemd und Krawatte. Mich machte sie auch fein. Ich bin übrigens die Thea. Oma band mir Schleifen ins Haar, obwohl das ganz unmodern ist. Statt meiner bunten Turnschuhe sollte ich die schwarzen Lackschuhe anziehen und ein Kleid, weil Sonntag war.

»Punkt halb zwei gibt es Mittagessen«, sagte Oma streng. Sie nahm es damit nämlich sehr genau.

Als ich mit Opa oben vorn im Doppeldekkerbus saß, zottelte er an seinem Schlips.

»Dieser Strick . . .« knurrte er verächtlich und ließ ihn in der Hosentasche verschwinden.

»Diese Schleifen!« stöhnte ich, machte sie raus und stopfte sie auch in Opas Hosentasche.

Wir stiegen in die U-Bahn um und fuhren

Ich bin die Thea

Autobushaltestelle

zum Zoo. Ganz vorn bei den Kamelen testete Opa gleich meine Tierkenntnisse.

»Na, Thea – wat für Tiere?« Er deutete auf die mit dem einen runden Höcker. Ohne meine Antwort abzuwarten, klärte er mich auf: »So sehn echte Trampeltiere aus.«

»Dromedare«, verbesserte ich.

Opas Blick verfinsterte sich. Er wies auf die Zweihöckrigen. »Die da drüben sind Dromedare. Habt ihr wohl in der Schule noch nicht jehabt, wie?«

»Umgekehrt!« widersprach ich. »Trampeltiere haben *zwei* Höcker. Wetten wir um 'ne Cola?«

»Die Wette gilt.« Siegesgewiß stiefelte Opa zu den Informationstafeln und mußte sich überzeugen, daß . . . ich recht hatte! So eine Niederlage konnte mein lieber Opa natürlich nicht auf sich sitzen lassen. Rechthaberisch stritt er weiter: »Die Viecher, auf denen wir damals durch die Wüste geritten sind, hatten jedenfalls einen Höcker und nannten sich Trampeltiere . . .«

Ich lachte Opa aus. »Hoffentlich hast du dich richtig festgehalten an dem einen Höcker.«

Da boxte er mich gutmütig in die Rippen und gab sich geschlagen.

Wir gingen weiter zu einem Teich. Er gehörte rosaroten Flamingos. Ich probierte, ob ich auch auf einem Bein und ganz ohne zu wackeln stehen konnte.

Plötzlich sagte Opa, daß er mir gerade mal die Cola holen wolle. Ich dürfe solange auf die Riesen-Krokodilsschaukel nebenan. Gute Idee, es kribbelte so schön im Bauch auf der langen Schaukel. Aber bestimmt eine halbe Stunde saß ich zwischen fremden Kindern, und ich wurde immer unruhiger. Da kam Opa endlich. Er grinste mir gut gelaunt entgegen.

»Und wo ist die Cola?« fragte ich enttäuscht.

»Ach, die Cola? Hm, wo ich war, gab's keine«, sagte Opa. »Kriegst sie später, Ehrenwort!«

Wir besuchten noch das Affenhaus, wo es viel zu lachen gab.

Und zu den Pinguinen und Seehunden gingen wir auch noch.

»Wie wär's jetzt mit einem Eis?« schlug Opa vor.

Nichts dagegen! Opa marschierte zielstrebig voraus. Mir wurde klar, daß er sich im Erfrischungszelt, das wir betraten, bereits auskannte. Wenn Oma nicht dabei ist, macht Opa nämlich gerne Sachen, die Oma nicht wissen darf. Na klar: Als Opa so lange weg war, hatte er hier schon ein kühles Bierchen getrunken! Das erlaubte Oma nie am hellichten Tag. Und ich sollte es auch nicht merken, damit ich nicht petze.

Unter dem Zelthimmel schluckte Opa gleich noch ein schäumendes Bier vom Faß, weil ja die Oma nicht gucken konnte. Ich löffelte Eis, bekam noch meine Cola und war mit Opa wieder versöhnt.

Zum Schluß bummelten wir zum Elefantengehege. Vier Dickhäuter schlenkerten

gelangweilt ihre Rüssel hin und her. Da hob einer von ihnen den Schwanz. Klack-klack, hinten heraus fielen ein paar mächtige Kugeln.

Opa stupste mich in die Seite. »Kiek dir det an, Thea, wat der für Fußbälle kackt.«

»Aber Opa«, flüsterte ich vorwurfsvoll und sah verschämt auf die Leute neben uns. Ich glaube, Opa hatte einen Schwips. Er tat erstaunt. »Mädel, det is' doch det natürlichste von der Welt: Wer viel frißt, macht viel Mist.«

Die Leute rings herum lachten wirklich. Das spornte Opa an, zwei Fäuste voreinander zu legen und zu trompeten. Die Elefanten hoben die Köpfe.

»Na bitte!« rief Opa. »Nu' mal hierher, ihr faulen Dickwänste!« Tatsächlich kamen sie gemächlich angetrottet und streckten uns ihre Rüssel entgegen.

»Wir müssen nach Hause«, mahnte ich. »Oma wartet mit dem Gulasch auf uns.«

»Immer mit der Ruhe!« lachte Opa. »Wir haben ja noch gar nicht die Bären gesehen, diese verflixten Rindviecher!«

Ich zog ihn zum Ausgang. Es wurde wirklich Zeit.

Als wir wieder bei den Kamelen angelangt waren, meinte er: »*Zwei* Höcker haben Trampeltiere. Und keinen mehr.«

»Stimmt«, gab ich ihm recht.

Er warf mir einen vernichtenden Blick zu. »Und warum hast du's vorhin bestritten?«

Eine Station, bevor wir aus dem Bus steigen mußten, räusperte Opa sich.

»Thealein«, meinte er sanft. »Die Bierchen bleiben doch unter uns?«

»Klar«, sagte ich. Aber ich wußte, Oma würde es sowieso merken. Ich half Opa, die Krawatte wieder umzubinden. Dann nahm ich ihn an die Hand, und wir rannten den restlichen Weg. Es war ja schon zehn nach halb zwei.

Dinosaurierlied

Text und Melodie: Christa Zeuch

Es war ein Di- no- sau- ri- er, sehr stark und mächtig groß,
doch mit dem Di- no- sau- ri- er war lei- der nicht viel los.

Erst, wenn er viel zum Fres- sen fand, dann hat- te er auch Spaß.

Er klapp- te sei- ne Kie- fer auf und fraß und fraß und fraß:

Schon fraß er ei- nen Blät- ter- wald, dann trank er ei- nen See,

und wenn er da- mit fer- tig war, dann lutsch- te er am Zeh. Zeh.

2. Sein Schuppenpanzer reichte ihm
   von hinten bis nach vorn.
   Er hatte wie ein Drachentier
   am Rücken Horn an Horn.
   Fast vierzig Meter war er lang
   und nicht zu übersehn.
   Er wollte bald der größte sein,
   drum fraß er stets für zehn:
    Erst fraß er einen Blätterwald.
    dann trank er einen See.
    Und hinterher schlief er gleich ein
    im meterhohen Klee.

3. Er traf mal einen Saurier,
   so groß wie er genau,
   den wollte er bekämpfen, doch –
   da war es eine Frau!
   Er liebte sie, na weil sie auch
   fast vierzig Meter maß
   und weil sie außerdem wie er
   genauso gerne fraß:
    Sie fraßen gleich zwei Blätterwälder,
    tranken noch zwei Seen,
    dann knabberten sie sich gegenseitig
    zärtlich an den Zeh'n.

4. Sie kriegten viele Kinder,
   kerngesund und ganz famos,
   die waren schon als Babys
   an die zwanzig Meter groß.
   Die fraßen alle um sich
   in die Kreuz und in die Quer,
   und so entstand die Wüste.
   Drum ist's heute da so leer.
    Die machten alle Seen und Wälder
    leer als Abendschmaus.
    Und weil sie nichts mehr fanden,
    starben alle Saurier aus.

Durcheinander im Zoo

Viele Tiere sind aus den Käfigen ausgebrochen und haben andere Tiere besucht. Als der Zoowärter Anton am Montag morgen seine Schützlinge füttern will, findet er sich in den Gehegen nicht mehr zurecht, denn die Tiere haben sich bunt vermischt:

Naseule

Fladil

Schleierbär

Warzentier

Eisnatter

Krokomingo

Ringelhund

Vogelaffe

Klammerhorn

Seeguin

Pinratte

Elespinne

Beutelfuchs

Antifant

Wüstenlope

Faulschwein

Könnt ihr Anton helfen, wieder Ordnung in den Zoo zu bringen? Nehmt Papier und Bleistift zu Hilfe. Die Auflösung steht unten auf dem Kopf.

Nashorn, Flamingo, Schleiereule, Warzenschwein, Eisbär, Krokodil, Ringelnatter, Vogelspinne, Klammeraffe, Seehund, Pinguin, Elefant, Beutelratte, Antilope, Wüstenfuchs, Faultier.

Tierische Bastelvorschläge

Hängezoo

Ihr braucht dazu:

☞ Reste von buntem Tonpapier oder Zeichenblockpapier

☞ deckende Wasserfarben und Pinsel

☞ Wollreste, kleine Knöpfe

☞ Papprollen von Klopapier

☞ Schere, Kleber

☞ lange Schaschlikstäbe aus Holz

Schiebt den Stab unter den Kniff, und befestigt Wollfäden als Aufhängung daran.

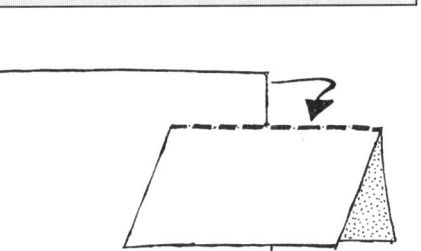

Knickt alle Papiere, auf denen ihr Tiere entwerft, so daß die Knifflinie ihre Rücken darstellt.

Aus den Klorollen schneidet und klebt ihr phantasievolle Tiere, zum Beispiel ein Krokodil, eine lange Schlange oder einen Esel. Wie ihr das macht, zeigen euch die Bilder.

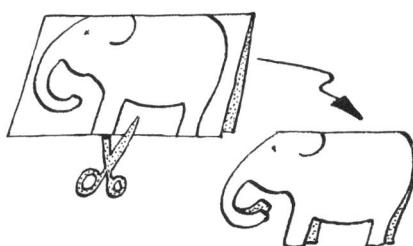

Schneidet sie doppelt aus, bemalt oder beklebt sie.

Bastelt Quaddel einen Freund!

Paust mich ab, schneidet die Schablone aus und übertragt die Umrisse auf grünes Tonpapier. Bitte malt mich naturgetreu an: Ich habe hellgrüne Pünktchen.

Die gestrichelten Linien werden mit einer Schere leicht eingeritzt und nach innen geknifft.

Alle dicken Linien werden bis zum Kreuz eingeschnitten.

Augen hochbiegen und die seitlichen Maulenden hinter den Augen ankleben.

Nun bastelt mir meine Mütze . . .

Augen

Hinterbein

Herbst

Lügen haben Herzklopfen

Diese Geschichte ist wahr, so wahr ich Christa heiße. Sie passierte, als ich zehn Jahre alt war. Das ist lange her, sehr lange. Und jetzt kann ich sie ja erzählen.

»Nun Christa?« Die Augen meines Vaters wurden zu schmalen Schlitzen. Ungeduldig trommelten seine Finger auf das Fensterbrett.

Mir war der Mund zugewachsen.

Das Getrommel wurde stärker.

»Nein!« stieß ich aus. »Ich habe den Ast nicht abgebrochen.«

Meinem Vater in die Augen sehen konnte ich nicht.

»So, und wer war es dann?« fragte er scharf.

»Weiß ich nicht.«

»Ist ja interessant«, meinte er spöttisch. »Zufällig weiß ich aber, daß du doch einen Ast abgebrochen hast.«

Überrascht guckte ich zu ihm auf. Woher sollte er das wissen? Dann würde er mich gleich bestrafen, ein Hintern voll war das mindeste. Aber davor hatte ich Angst!

Deshalb log ich bockig weiter: »Den Ast bei Herrn Krattbacher, den habe ich wirklich nicht abgebrochen.« Ich war den Tränen nahe.

Vati sah mich forschend an. »Bei Herrn Krattbacher also nicht. Wo denn dann?«

»Oooch . . .«

»Verflucht noch eins, vielleicht sagst du mir endlich die Wahrheit!«

»Ich hab mal früher, da ganz hinten . . . In der Laubenkolonie, da hab ich mal einen Ast . . .«

Jetzt hatte ich mich verstrickt und machte alles noch schlimmer. Doch ein Zurück gab es nicht mehr, ich mußte dabei bleiben. Es war zu spät, einfach zu gestehen: Ja, beim alten Krattbacher habe ich Äpfel geklaut, und dabei ist es passiert.

»Zieh deine Schuhe an«, befahl mein Vater.

Folgsam zog ich sie an, und in meinen Magen schlich sich ein klammes Gefühl. Was hatte Vati vor? Ohne Worte schlüpfte auch er in seine Schuhe.

Wir verließen die Wohnung, ich mit gräßlichem Herzklopfen. Er steuerte durch die Züricher Straße in Richtung Laubenkolonie.

»Du mußt mich führen«, meinte er munter.

»Ich weiß ja nicht, wo das war.«

Das mit dem abgebrochenen Ast, das ich ihm vorgelogen hatte? Mir rutschte das Herz in die Hosentasche. Ich betete (nicht zum lieben Gott, der hilft ja nicht bei Lügen), betete nur für mich allein: Bitte, bitte,

laß mich irgendwo einen Baum mit einem abgekrachten Ast finden.

»War es hier irgendwo?« Er schien sich ein Vergnügen daraus zu machen, mich zu quälen.

Ich schüttelte den Kopf und klapperte drei, vier Gartenwege mit ihm ab. Da wurde mir klar, daß der böse Spaß, den Vati mit mir trieb, seine Strafe für mich war.

»Ich finde es nicht mehr«, sagte ich kläglich.

»Na, nur nicht aufgeben!« trieb er mich voran.

Und wir marschierten weiter, hinaus aus der Schrebergartenkolonie in die breite Straße mit der weißen Kaserne und dem großen viereckigen Turm, von dem abends der Zapfenstreich geblasen wurde. Hier gab ich auf und begann zu heulen.

Vati kehrte um. Mitleidlos legte er ein Tempo drauf, daß mir die Zunge zum Hals heraushing. Während des ganzen Rückwegs hämmerte mein Herz, denn zu Hause würde mich mein Vater ganz sicher kräftig versohlen.

Doch es kam anders. Als wir vor unserer Haustür anlangten, sagte Vati nur: »Du gehst jetzt zu Herrn Krattbacher und entschuldigst dich.« Er brachte mich zu den Gärten und ließ mich dort allein stehen.

Herr Krattbacher pflanzte gerade Blumen. »Na, Christa«, grüßte er mich, ohne aufzusehen. »Du willst mir wohl helfen?«

»Klar, mach ich«, sagte ich übereifrig.

Ich jätete Unkraut und begoß die frisch gepflanzten Stauden. Es machte sogar Spaß. Und fast hätte ich vergessen, weshalb Vati mich hergeschickt hatte. Aber damit mußte ich ja nun endlich mal herausrücken.

»Herr Krattbacher«, begann ich heiser und stellte die Gießkanne ab. »Ich, ich wollte Ihnen noch was sagen.«

Der alte Mann richtete sich auf und schaute mich fragend an.

»Ich meine, das mit . . .«

»Ja? Was?«

» . . . mit dem Ast vom Apfelbaum, das war ich.« So, jetzt war es heraus.

Herr Krattbacher wandte sich von mir ab und buddelte weiter. Hatte er mich nicht verstanden? Hilflos stand ich herum.

»Entschuldigung«, murmelte ich rasch. »Es tut mir leid.«

Da blickte er mich an, mit gutmütigem Spott in den Augen. »Glaubst du, das hätte ich nicht längst gewußt, Christa?« meinte er. »Aber ich finde es in Ordnung, daß du zu mir kommst und dich entschuldigst. Und deshalb: Schwamm drüber.«

Oh, wie war ich plötzlich erleichtert! Entschuldigen war ja gar nicht so schwierig, wie ich geglaubt hatte! Und welche Umwege war ich gegangen, immer um die Wahrheit herum.

Nach diesem Erlebnis schwor ich mir, nur noch in Fällen dringender Hungersnot in fremde Apfelbäume zu steigen. Doch so ein Fall ist bis heute Gott sei Dank nicht eingetreten.

Schon gewußt?

☞ Daß in ganz Deutschland nur noch ungefähr 4000 Storchenpaare brüten?

☞ Daß eine Storchenfamilie mit drei Jungen täglich bis zu acht Pfund Fische, Eidechsen, Mäuse und Würmer verschlingt?

☞ Daß die Störche Ende August nach Afrika aufbrechen und dabei 10000 Kilometer zurücklegen?

☞ Daß viele Störche die Flugreise nicht schaffen, weil sie unterwegs durch Starkstromleitungen, Flugzeuge, Dürre, Insektengifte oder vor Erschöpfung sterben?

Storchengeschichte

Frau Störchin und Herr Adebar
sind wieder da, wie jedes Jahr.
Seht nur hinauf zum Kirchturmnest!
Das schwarz-weiß-rote Storchenpaar
begeht dort heut sein Wiegenfest.

Drei junge Störchlein kamen an
im Morgengrauen irgendwann.
Da bleiben alle Leute stehn.
Der Schornsteinfeger ruft: »Ich kann
zwei winzig kleine Schnäbel sehn!«

Er steht grad auf dem Nachbardach
und sieht, die Störchlein sind schon wach.
Die Storcheneltern fliegen fort
zum Sumpfgebiet am grünen Bach –
sie finden gute Nahrung dort.

Dann schwingen sie sich auf zum Turm
und bringen Frosch und Fisch und Wurm.
Unmengen fressen ihre Kleinen!
Bei Regen, Wind und größtem Sturm
sind Storcheneltern auf den Beinen.

Kaum sind die Storchenkinder groß,
da geht die große Reise los
ins sonnig ferne Afrika.
So mancher schafft's zur Hälfte bloß –
der Rest ist kraftlos, aber da!

Bei einem Wirte wundermild

Volksweise aus Bessarabien
Text: L. Uhland 1811

2. Es war der gute Apfelbaum,
   bei dem ich eingekehret;
   mit süßer Kost und frischem Schaum
   hat er mich wohl genähret.

3. Es kamen in sein grünes Haus
   viel' leicht beschwingte Gäste,
   sie sprangen frei und hielten Schmaus
   und sangen auf das beste.

4. Ich fand ein Bett zu süßer Ruh
   auf weichen, grünen Matten.
   Der Wirt, der deckte selbst mich zu
   mit seinem kühlen Schatten.

5. Nun fragt' ich nach der Schuldigkeit,
   da schüttelt er den Wipfel.
   Gesegnet sei er allezeit
   von der Wurzel bis zum Gipfel.

Quaddels Basteltips

Apfelkernketten

Ihr braucht dazu:

- ☞ viele Apfelkerne
- ☞ andere Kerne, beispielsweise von Sonnenblumen
- ☞ Nadel, Kunststoff-Faden

Zieht die frischen Kerne mit der Nadel auf einen Faden, und verknotet die Enden. Besonders hübsch sehen Ketten mit verschiedenfarbenen Kernen aus.

Apfelkernmäuschen

Ihr braucht dazu:

- ☞ Apfelkerne
- ☞ ein spitzes Messer
- ☞ eine Streichholzschachtel
- ☞ Kleber
- ☞ Papier zum Bekleben

Das Basteln dieser Mäuschen erfordert viel Feingefühl, denn es werden ja Minitierchen. Also: Wer gern geduldig tüftelt, wird Spaß daran haben. Seht euch die Zeichnungen genau an!
Schält mit der Messerspitze vorsichtig zwei winzige Dreiecke heraus, die am oberen Ende »angewachsen« bleiben. Klappt sie hoch. Aber Vorsicht mit dem Messer!

Als Schwänzchen schneidet einen schmalen Streifen unter dem Kern heraus, und biegt ihn nach oben.

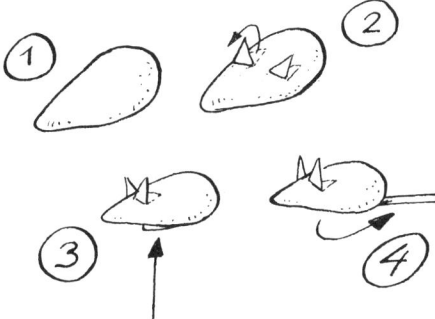

Klebt die Mäusefamilie in eine Streichholzschachtel und verkleidet die Hülle mit hübschem Papier.

Karuschka, die Erntekönigin

Erntedankfest in Oberbrombach! Maxi ist da, andere Gäste, ein großes Hin und Her mit viel Aufregung. Denn bei Onkel Bernhard und Tante Mia soll das Hauptfest stattfinden. Ach, die vielen Vorbereitungen: backen, kochen, schmücken, für die Vorführung in der Kirche proben, den Hof herrichten, alle Stände mit den Erntefrüchten dekorieren. Und die Sachen für den Altar!

»Los, Moritz, den Armvoll Brote, den bring noch hin!« ruft seine Mutter. Fast hätte sie die Brote vergessen. Morgen, zum Gottesdienst, müssen sie daliegen, denn danach werden sie verteilt an ärmere Leute.

Maxi bekommt einen Korb mit frischen Möhren und Kohlköpfen in die Hand gedrückt – ganz schön schwer. Aber sie hilft gern mit.

Die Dorfstraße ist mit Girlanden geschmückt. Es macht Spaß, darunter herzulaufen, auch mit den schweren Sachen. In den Türen stehen Leute, sie grüßen rechts und links. Und da aus dem Fenster lehnt die alte Karuschka, an der muß man schnell vorbei, die redet und findet kein Ende.

Heute hat sie wohl das Reden verlernt, und sie sieht auch gar nicht sehr zufrieden aus.

Da fragt Moritz: »Wie geht's deinen Beinen, Karuschka?«

Aber sie antwortet nicht auf seine Frage. Sie sagt nur: »Einmal noch, ein einziges Mal würd' ich gerne Erntekönigin sein.«

Maxi und Moritz gehen vorbei und kichern. Die Karuschka, die ist doch schon fast neunzig, und die Erntekönigin auf dem Wagen obendrauf, die muß immer jung sein, das war noch nie anders.

Am Abend wird bei Onkel Bernhard und Tante Mia beraten, wer am nächsten Tag auf dem Erntethron durchs Dorf gefahren wird. Das steht noch nicht fest. Es ist nämlich die große Erntedankfest-Überraschung fürs ganze Dorf, wer das wohl sein wird. Am großen Tisch in der Wohnküche sitzen zehn Nachbarn, und jeder darf einen Vorschlag machen.

Der Großvater sagt: »Mia! Sie hat die meiste Arbeit vorm Erntedankfest. Und die Schönste ist sie obendrein.«

Aber die Mutter von Moritz will auf keinen Fall Erntekönigin sein. Einfach so durchs Dorf kutschiert werden, dazu hat sie an so einem wichtigen Tag doch keine Zeit!

Es kommen noch viele Vorschläge. Und als Maxi dran ist, sagt sie: »Die Karuschka.«

Alles lacht, das alte Huhn, die olle Schachtel, wie sieht die aus mit der Ährenkrone und dem Gewand der Königin? Und wie soll sie mit ihren dicken Wasserbeinen wohl auf den Erntewagen klettern?

Aber Großvater meint ernst: »Warum denn eigentlich nicht?«

Alle gucken ihn an, grinsen verlegen – warum eigentlich nicht?

Dann, am anderen Vormittag vorm Kirchgang, erlebt die Karuschka ihr blaues Wunder. Maxi darf die Ährenkrone tragen, Moritz das Königinnengewand mit der Früchtestickerei. Ehe die Karuschka sich versieht, ist sie verkleidet.

Onkel Bernhard und ein anderer Bauer heben sie hoch, sie schwebt wie auf einer Schaukel. Draußen steht der geschmückte Erntewagen mit dem Thron aus Stroh. Hände recken sich ihr entgegen. Nun rauf mit der alten Karuschka!

Sie kreischt, sie lacht, sie wird ganz still. Ein Spalier von Leuten steht die Dorfstraße entlang. Vorn geht die Kapelle. Großvater spielt selber die Fiedel, der Bauer Schönherr bläst das Horn, noch ein paar sind dabei, die Trommeln und Pauken schlagen. Und oben auf dem Strohwagen die alte Karuschka, die schönste von allen. Gewinke, Gerufe, ein Schwanz Leute hinterdrein bis zur Kirche.

Dort wartet Pfarrer Borkmann, hilft mit, Karuschka vom Thron zu hieven. Und der Großvater von Maxi und Moritz nimmt die Königin an seinen Arm. Sie betreten als erste das Gotteshaus. Jetzt kann sie ihn selber sehen, den reich gedeckten Altar. Sie wäre ja nicht mitgegangen, wegen der schweren Beine. Und sie weiß auch: Nachher darf sie sich etwas aussuchen, die Königin wird jedesmal als erste beschenkt mit einer Gottesgabe.

Als alle versammelt sind, fängt Pfarrer Borkmann mit seiner Predigt an. Das ist vielleicht eine fröhliche Rede diesmal! Die Karuschka kommt nämlich drin vor. Es gibt sogar was zum Lachen. So viel Ehre, da kann die Karuschka nicht anders, nun rollen ihr die Tränen runter vor Glück.

»Herrgott, wir danken dir für deine guten Gaben«, schnieft sie. Und Maxi sieht, wie sie sich mit dem Königinnenärmel die Nase abwischt.

Bunt sind schon die Wälder

Text: G. von Salis-Seewies 1782
Melodie: J. F. Reichardt 1799

Bunt sind schon die Wäl-der, gelb die Stop-pel-fel-der,
und der Herbst be-ginnt. Ro-te Blät-ter fal-len,
grau-e Ne-bel wal-len, küh-ler weht der Wind.

2. Wie die volle Traube
aus der Rebenlaube
purpurfarbig strahlt!
Am Geländer reifen
Pfirsiche mit Streifen,
rot und grün bemalt.

3. Flinke Träger springen,
und die Mädchen singen,
alles jubelt froh.
Bunte Bänder schweben
zwischen hohen Reben
auf dem Hut von Stroh.

4. Geige tönt und Flöte
bei der Abendröte
und im Mondenglanz;
junge Winzerinnen
winken und beginnen
frohen Erntetanz.

Herbstspiele für draußen

Weg vom Stock!

Ein beinlanger Stock wird locker in den Waldboden gesteckt. Viele Kinder fassen sich an den Händen und bilden einen Kreis ringsherum. Jetzt versucht jeder, seine Nachbarn zu dem Stock zu zerren, muß sich aber gleichzeitig dagegen wehren, selbst in Stocknähe geschoben zu werden. Denn wer den Stock umwirft, scheidet aus. Der letzte ist der Gewinner.

Wettkampf mit Roß und Reiter

Je zwei Kinder sind Roß und Reiter, indem eins ein anderes auf dem Rücken trägt. Zwei gleich starke Parteien gehen aufeinander los und »kämpfen«. Wer runterfällt, muß ausscheiden.

Diebsgesindel

Malt einen Kreis in den Sand. Innendrin hockt der Marktverkäufer mit seiner Ware: Kastanien, Eicheln, Steinen und anderen Fundsachen aus der Natur. Außen lauern Diebe und wollen die Waren stehlen. Sie knien um den Kreis und langen mit den Händen rein. Der Markthändler patscht jedem, den er erwischt, auf die Pfoten, das heißt, er schlägt ihn ab. Wer zuletzt übrigbleibt, ist neuer Markthändler – aber nur, wenn er es geschafft hat, dem Verkäufer vorher mindestens zwei Gegenstände zu stibitzen.

Herbstmorgen

Es fällt nun Blatt um Blatt
vom Eichbaum, braun und rot.
Das Auto fährt sie platt
und macht sie tot.

Der Himmel ist verhangen,
kein Sonnenrot zu sehn.
Schier endlos sind die langen
Asphaltchausseen.

Die Vögel im Geäst
erblickst du aufgedeckt.
Sie hatten einst ihr Nest
im Laub versteckt.

Du wanderst wie im Traum,
in deinen Schal gemummt.
Dein Sommervogelbaum
ist längst verstummt.

Entfernt vom Morgentau
vergeht in Rauh und Reif
ein Restchen Himmelblau:
des Sommers Schweif.

Was macht der Fuhrmann?

Westfälisches Volkslied (um 1900)

Was macht der Fuhr-mann? Der Fuhr-mann spannt den Wa-gen an, die

Pfer- de ziehn, die Peit-sche knallt, daß laut es durch die

Stra-ßen hallt. He , Fuhr-mann, he, he, he, hol-la- he!

2. Was macht der Fährmann?
   Der Fährmann legt ans Ufer an
   und denkt: Ich halt nicht lange still,
   es komme, was da kommen will.
   He, Fährmann, he, he, he, hollahe.

3. Da kommt der Fuhrmann
   mit seinem großen Wagen an,
   der ist mit Kisten voll bespickt,
   daß sich der Fährmann sehr erschrickt.
   He, Fuhrmann, he, he, he, hollahe.

4. »Nein«, sagt der Fährmann,
   »ich fahr Euch nicht, Gevattersmann,
   gebt Ihr mir nicht aus jeder Kist'
   ein Stück von dem, was drinnen ist!«
   He, Fährmann, he, he, he, hollahe.

5. »Ja«, spricht der Fuhrmann.
   Und als sie kommen drüben an,
   da öffnet er die Kisten g'schwind.
   Doch nichts ist drin als lauter Wind!
   He, Fuhrmann, he, he, he, hollahe.

6. Schimpft da der Fährmann?
   O nein, o nein, da lacht er nur:
   »Aus jeder Kist' ein Stücklein Wind,
   dann fährt mein Schifflein sehr geschwind.«
   He, Fährmann, he, he, he, hollahe.

Klingender Ast – eine Herbstbastelei

Dazu braucht ihr:

☞ einen schön verzweigten Ast

☞ Bindfäden, Schere, Klebeband

☞ einen Dosenöffner

☞ alle Sorten von leeren Dosen

☞ große, lange Nägel

☞ Metallgegenstände (Metallstifte, Bügel von Aktenordnern, Kleiderbügelhaken, Löffel und vieles andere)

☞ viele Glöckchen, kleine Porzellangegenstände

☞ buntes Kreppapier

Entfernt von den Dosen die Deckel und beklebt die Ränder mit Klebeband.

 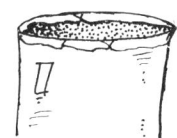

Am oberen Rand stecht ihr mit dem Dosenöffner seitliche Löcher für die Aufhängefäden ein.

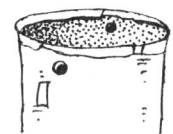 

Bindet alles, was klingen und scheppern kann, an den Ast und schmückt ihn mit bunten Kreppapierstreifen und -schleifen. Hängt den Ast in einen Baum. Bei Wind wird er ganz schön klimpern und klappern . . .

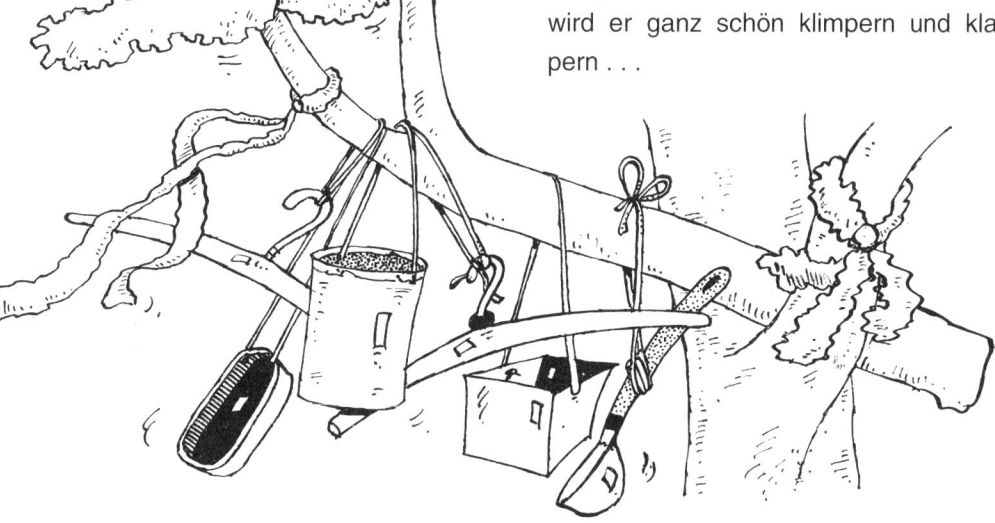

Quaddels Basteltips

Schaukasten für Naturfundstücke

Ihr braucht dazu:

☞ 1 alte Schublade oder ähnliches vom Sperrmüll

☞ Zweige, Schneckenhäuser, Baumrinde, Wurzeln, Muscheln, Kastanien, Bucheckern, Eicheln, Steine, Blätter oder andere Naturgegenstände

☞ Holzkleber

☞ 2 Metallhäkchen, Nägel, Hammer

☞ umweltfreundliche Dispersionsfarben

☞ verschieden starke Pinsel

☞ umweltfreundlichen Klarlack

Streicht das Innere des Kastens farbig an. Gut trocknen lassen!

Legt den Kasten vor euch auf den Tisch und ordnet die bemalten Sachen so an, daß der ganze Kasten kunstvoll ausgefüllt ist. Klebt die Gegenstände an.

Zuerst bemalt ihr jedes Fundstück mit feinsten Mustern in ganz tollen Farben. Bevor ihr über eine Farbe eine zweite malt, die erste trocknen lassen!

Ist alles gut getrocknet, überzieht das Ganze mit einer Schicht Klarlack. Beim Anbringen der Metallanhänger und beim Aufhängen des Kastens kann euch ja ein Erwachsener helfen.

Blättermännchen-Szenerie

Ihr braucht dazu:

☞ verschieden geformte, gepreßte Herbstblätter

☞ einen Schuhkarton

☞ Kleber, Farben, Pinsel, Moos

☞ Nähgarnfäden, Nadel

☞ Streichhölzer

Den Schuhkarton bemalt ihr innen mit einer hübschen Farbe und polstert ihn innen und obendrauf mit Moos.

Malt den Blättern mit einem feinen Pinsel lustige Gesichter auf. Klebt als Beine je zwei Streichhölzer an und steckt sie in das Moos.

Ihr könnt die Männchen auch mit Hilfe von Nadel und Faden in den Karton hängen.

Rappelnüsse

Ihr braucht dazu:

☞ Walnüsse

☞ Kordel, Schere, Kleber

☞ 2 etwa 4 cm breite und 10 cm lange Pappstreifen

☞ Buntpapierreste

Schneidet zwei Pappstreifen an einem Ende rund zu. Beklebt sie mit hübschen Buntpapiermustern oder bemalt sie.

Die Nüsse knackt ihr vorsichtig an den Nahtstellen. Eßt den Inhalt auf. Zwischen je zwei Nußschalenhälften klebt ein Stück Kordel von 10 cm Länge, fügt die Nuß mit Kleber wieder zusammen. Insgesamt können es 5 oder 6 Nüsse sein.

Die anderen Enden der Fäden werden zwischen die runden Enden der Pappstreifen geklebt.

Der Jäger längs dem Weiher ging

Niederrheinisches Volkslied (um 1840)

2. Was raschelt in dem Grase dort?
   Lauf, Jäger lauf!
   Was flüstert leise fort und fort?
   Lauf, Jäger, lauf . . .

3. Was ist das für ein Untier doch?
   Hat Ohren wie ein Blocksberg hoch!

4. Das muß fürwahr ein Kobold sein!
   Hat Augen wie Karfunkelstein!

5. Der Jäger furchtsam um sich schaut.
   Jetzt will ich's wagen – oh, mir graut!

6. O Jäger, laß die Büchse ruhn.
   Das Tier könnt dir ein Leid antun!

7. Der Jäger lief zum Wald hinaus.
   Verkroch sich flink im Jägerhaus.

8. Das Häschen spielt im Mondenschein.
   Ihm leuchten froh die Äugelein.

Hasenbrot

Auf den Schrecken sollten wir dem armen Jäger ein echtes Hasenbrot gönnen. Vielleicht bekommt ihr auch Appetit! Hasenbrot ist ja eigentlich altes Brot, zum Beispiel dein Schulbrot, das du gestern nicht mehr geschafft hast. Aber es gibt auch frisches Hasenbrot, nämlich genau das, was die Hasen sonntags zum Frühstück essen . . .

Für das Hasenbrot braucht ihr:

☞ 1 Scheibe Vollkornbrot mit Butter
☞ 1 geschälte Möhre
☞ 1/2 ungeschälten Apfel
☞ 1 Teelöffel Rosinen
☞ 1 Teelöffel gehackte Mandeln
☞ 1 Teelöffel Zitronensaft
☞ 1 Teelöffel flüssigen Honig

Zuerst bestreicht ihr das Brot mit der Butter. Reibt auf der Reibe die Möhre in ein Schälchen und den halben, gut gewaschenen Apfel gleich hinterher. Träufelt Zitrone darauf, und vermischt alles.

Nun rauf damit aufs Butterbrot! Gehackte Mandeln und Rosinen kommen als Verzierung obendrauf. Und damit es nicht zu sauer schmeckt, laßt den Honig darauf tropfen. Knackigen Appetit!

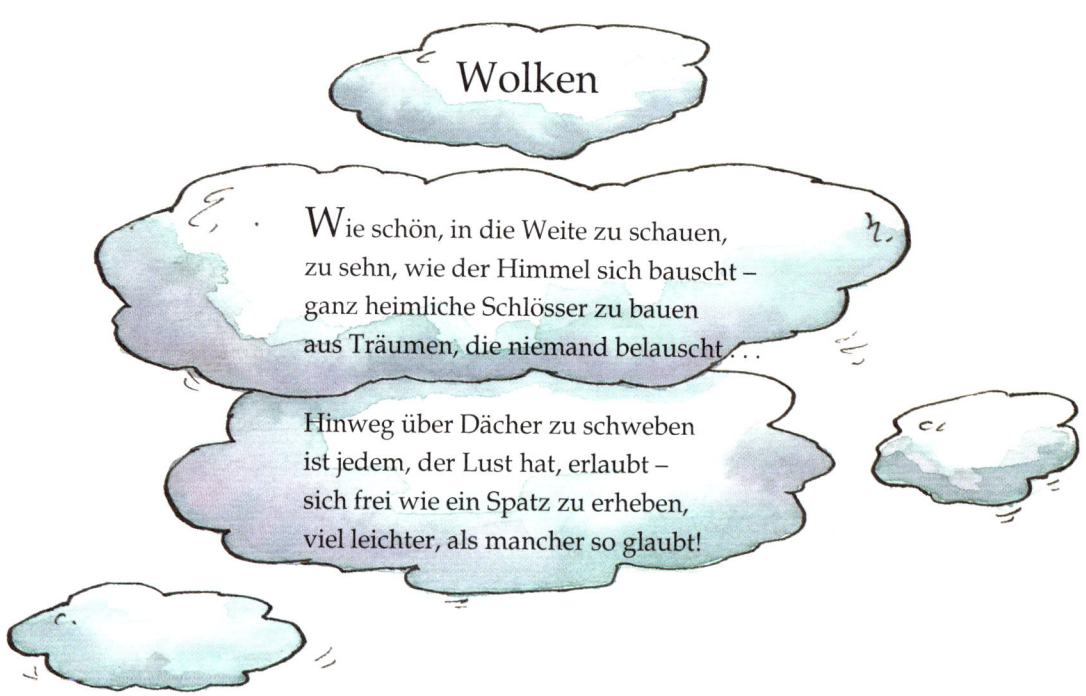

Wolken

Wie schön, in die Weite zu schauen,
zu sehn, wie der Himmel sich bauscht –
ganz heimliche Schlösser zu bauen
aus Träumen, die niemand belauscht . . .

Hinweg über Dächer zu schweben
ist jedem, der Lust hat, erlaubt –
sich frei wie ein Spatz zu erheben,
viel leichter, als mancher so glaubt!

Schon gewußt?
Wie Wolken entstehen

Schau mal in deinen Atlas: Du kannst sehen, daß unsere Erde zu mehr als zwei Dritteln mit Wasser überdeckt ist. Es sind Ozeane, Meere, Seen und Flüsse. Auch unter der Erde befindet sich Wasser. All dieses Wasser wird in einem unaufhörlichen Kreislauf um den ganzen Erdball bewegt.

Die Sonne läßt mit ihren warmen Strahlen Wasser verdunsten und in die Luft aufsteigen. Dabei kühlt der feine, unsichtbare Wasserdampf ab und kondensiert, das heißt, er verdichtet sich zu schwerer Feuchtigkeit, die du als Wolken siehst. Sie lassen dicke Tropfen regnen. So gelangt das Wasser zurück auf die Erde, vielleicht direkt in einen Fluß, der ins Meer fließt. Damit schließt sich der Wasserkreislauf, und kein Tropfen geht verloren.

Es gibt sehr unterschiedliche Wolkenarten. Bei Kumulus- oder Haufenwolken strahlt der zur Sonne gewandte Teil weiß wie ein Bettuch. Stratuswolken stehen wie eine trübe, graue Wand am Horizont, während Zirruswolken in großer Höhe ziehen und leicht wie eine weiße Feder wirken. Deshalb werden sie auch Federwolken genannt.

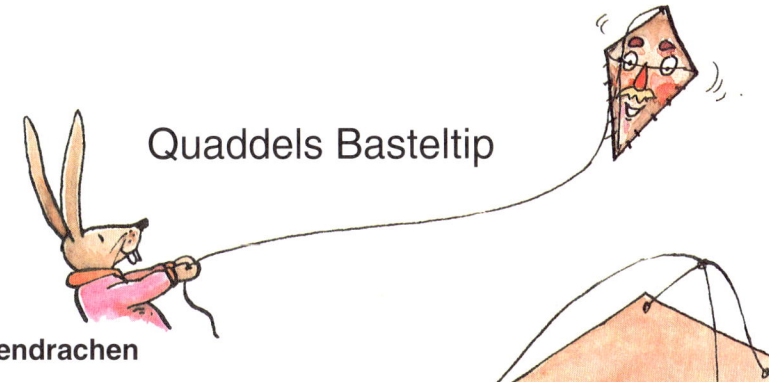

Quaddels Basteltip

Tütendrachen

Dazu braucht ihr:

- ☞ eine spitze Obsttüte
- ☞ bunte Luftschlangen
- ☞ Reste von Buntpapier
- ☞ dünne Kordel, Kleber
- ☞ ein kleines Stück festeres Papier

Und so geht's:

Schneidet die Tüte entlang der Längsachse im auf der Zeichnung markierten Bereich ein.

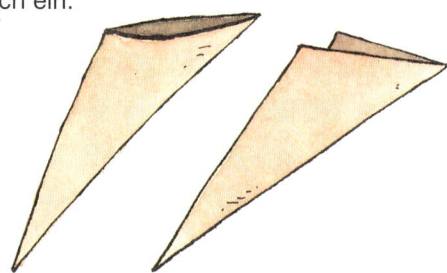

Falzt die so entstandenen Papierdreiecke je einmal nach außen und dann nach innen.

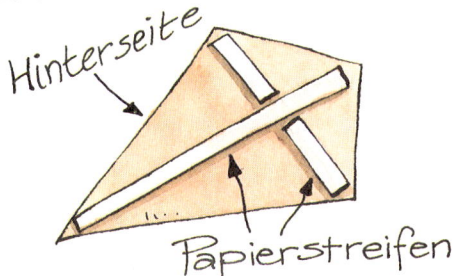

Den Bereich, wo die Schnur befestigt wird, zunächst mit einem Papierstreifen verstärken und dann lochen.

Knotet die Kordel an der verstärkten Stelle fest.

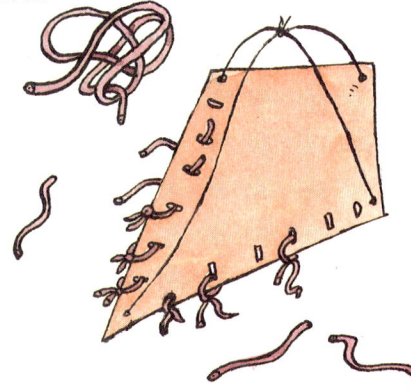

Schneidet in die Drachenränder wie auf dem Bild »Knopflöcher«, zieht Luftschlangen hindurch und knotet sie fest.

Zum Schluß klebt dem Drachen mit Buntpapier ein lustiges Gesicht auf.

Sankt Martin

Rheinisches Volkslied

Sankt Mar-tin, Sankt Mar-tin, Sankt Mar-tin ritt durch Schnee und Wind,

sein Roß, das trug ihn fort ge-schwind. Sankt Mar-tin ritt mit

leich-tem Mut, sein Man-tel deckt' ihn warm und gut.

2. Im Schnee saß, im Schnee saß,
   im Schnee, da saß ein armer Mann,
   hatt' Kleider nicht, hatt' Lumpen an.
   »O helft mir doch in meiner Not,
   sonst ist der bittre Frost mein Tod.«

3. Sankt Martin, Sankt Martin,
   Sankt Martin zog die Zügel an,
   sein Roß stand still beim armen Mann.
   Sankt Martin mit dem Schwerte teilt'
   den warmen Mantel unverweilt.

4. Sankt Martin, Sankt Martin,
   Sankt Martin gab den halben still,
   der Bettler rasch ihm danken will.
   Sankt Martin aber ritt in Eil
   hinweg mit seinem Mantelteil.

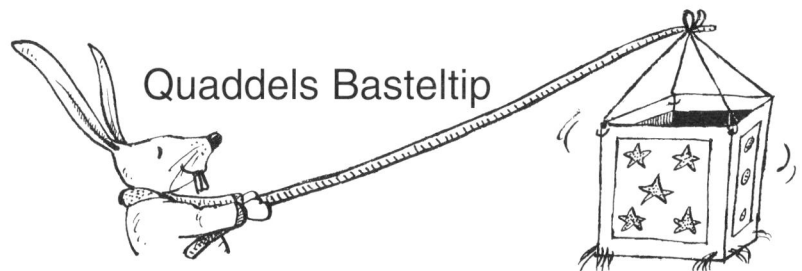

Quaddels Basteltip

Laterne aus Butterbrotpapier

Ihr braucht dazu:

☞ Pappe (etwa die Rückseite eines Zeichenblocks)

☞ Butterbrotpapier von der Rolle

☞ 2 Kartoffeln, Küchenmesser

☞ Wasserfarben, Pinsel

☞ Kleber, Schere, Lineal, Bleistift

☞ Stopfnadel und Wollgarne

☞ 1 Stab

☞ 1 Teelicht

Schneidet aus der Zeichenblockmappe acht Winkel in den auf der Zeichnung angegebenen Maßen.
Klebt je zwei zum Rahmen zusammen, so daß vier Rahmen entstehen.

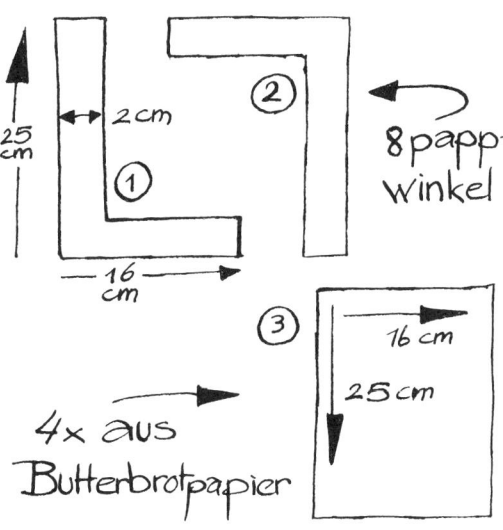

Aus Butterbrotpapier schneidet ihr vier Rechtecke (25 x 16 cm) für die Rahmen. Schnitzt in die Schnittflächen von Kartoffelhälften schöne Muster. Pinselt satt Farbe drauf und bedruckt damit das Papier. Nach dem Trocknen bügelt ihr es bei geringer Temperatur vorsichtig glatt. Klebt die Rechtecke in die Rahmen.

Stecht mit einer Stopfnadel in alle vier unteren und oberen Ecken je zwei Löcher und näht die Rahmen locker zusammen.
Durch die unteren Löcher zieht bunte Wollfäden, durch die oberen vier starke Fäden als Aufhängung für den Stab.

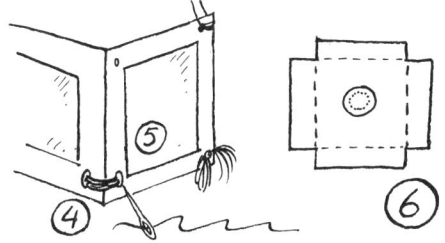

Zum Schluß schneidet ihr ein Pappviereck von 17 x 17 cm zu, nehmt die Ecken weg und knickt die Kanten 1 cm breit nach oben. Befestigt in der Mitte mit Kleber ein Teelicht und klebt den Boden in die Laterne.

Laternenfest

Wenn's regnet, gehn die Lichter aus.
Das wollen wir nicht hoffen!
Wir singen in die Nacht hinaus,
das lockt die Leute aus dem Haus.
Die Türen stehen offen.

Laternen schwanken durch die Stadt,
vorbei an unserm Garten –
bunt flackern sie und wippen matt.
Wer liegt im Bett, der Grippe hat?
Der muß jetzt ein Jahr warten.

Die Himmelslichter stehen still,
die unten tanzen munter.
Gibt's einen, der ein Sternlein will,
ein Immerglühn-Laternlein will?
Dem pflück ich eins herunter.

Winter

Der Nikolaus

Wie lebt denn wohl der Nikolaus?
Ich sah ein Jahr lang in sein Haus:
Der schläft von Januar bis März!
Und spielt ihm jemand einen Scherz
am ersten Morgen im April,
dann knurrt er, weil er schlafen will.

Er dreht sich um, da ist der Mai
mitsamt dem Juni schon vorbei,
schnarcht noch von Juli bis August,
brummt im September: »Keine Lust«,
streckt im Oktober seine Glieder,
gähnt furchtbar laut und schläft schon wieder.

Drriiiing! Im November endlich schrillt
der Weihnachtswecker plötzlich wild.
Da springt er auf, es gibt zu tun.
Nun angelt er nach seinen Schuhn,
weil im Dezember, wie ihr wißt,
der Nikolaus ganz wichtig ist.

Laßt uns froh und munter sein

Volksweise

Laßt uns froh und mun-ter sein und uns recht von

Her-zen freun. Lu-stig, lu-stig, tra-le-ra-le-ra,

bald ist Ni-ko-laus-a-bend da, bald ist Ni-ko-laus-a-bend da.

2. Dann stell ich den Teller auf,
   Niklaus legt gewiß was drauf,
   lustig, lustig . . .

3. Wenn ich schlaf, dann träume ich
   jetzt bringt Niklaus was für mich . . .

4. Wenn ich aufgestanden bin,
   lauf ich schnell zum Teller hin . . .

5. Niklaus ist ein guter Mann,
   dem man nicht g'nug danken kann . . .

Quaddels Basteltip

Tüten-Adventskalender

Dazu braucht ihr:

☞ einen großen Tannenzweig

☞ violettfarbenes Glanzpapier

☞ goldenes Seiden-Geschenkpapier mit Sternchen

☞ Goldsternchen zum Aufkleben

☞ Schere, Kleber, Bändchen

Aus dem Glanzpapier schneidet ihr Henkel, etwa 1,5 cm breit und 16 cm lang. Nun schneidet aus dem Goldpapier 24 Rechtecke von ungefähr 10 x 20 cm Größe. Klebt zuerst die Henkel, dann das Goldpapier an den inneren Tütenrändern an.

Schneidet aus dem violetten Papier 24 Vierecke von 10 x 10 cm Größe. Verziert sie mit Sternchen, formt Tüten daraus und klebt diese an der Nahtstelle zusammen.

Jetzt können die Tütchen gefüllt, mit Bändchen verschlossen und an einen grünen Tannenzweig gehängt werden.

Engel, so viele gibt's nicht von der Sorte

Mama war oben mit Ludger, meinem Babybruder, beschäftigt. Ich suchte in der Küche nach der Dose mit den Süßigkeiten, die noch vom Nikolaustag übrig waren. Da klingelte es.

Ich öffnete die Tür. Draußen im Vorgarten stand ein Mann, einer, der gräßlich aussah: fett, mit rot verquollenem Gesicht, schmutzig. Er lächelte mich an.

»'tschuldigung«, nuschelte er. »Die Frau Mutter ist wohl nicht zu Hause?«

»D . . . doch«, stammelte ich verlegen. Und dann brüllte ich die Treppe rauf: »Mamaaaa!«

»Was ist denn, Timmi?.« Ihr Kopf erschien in der Schlafzimmertür, Ludgers Köpfchen mit. Sie legte unser Baby ins Bettchen und kam runter.

»Die anderen Frauen kochen ja mittags nichts mehr«, druckste der Mann herum und trat von einem Bein aufs andere. »Sie hätten nicht zufällig was Warmes über? Ich kann's hier draußen essen.«

»Ich habe heute auch noch nicht gekocht« erklärte Mama und das stimmte. Aber sie fügte gleich hinzu: »Tut es auch ein Kaffee?«

Seine Augen leuchteten auf, als Mama ihn hereinbat.

»Chefin, Sie sind 'n guter Mensch.« Er

streifte sorgfältig seine Stiefel an der Fuß-
matte ab. Im Eßzimmer blickte er sich ehr-
fürchtig um. Mama bot ihm einen Stuhl an.
Er zog die Pudelmütze vom Kopf und
putzte damit die Sitzfläche ab, wie im Film.
Über Mamas Gesicht huschte ein Schmun-
zeln. Sie verschwand ne-
benan in der Küche.
Inzwischen musterten
der Mann und ich uns
gegenseitig. Ich sah in
gutmütige, versteckte
Augen. Sie erinnerten an
Elefantenaugen. Sein
Mantel hing um ihn wie
ein Kartoffelsack. Er hatte einen langen Woll-
schal um. Der wärmte
ihm den Hals, und
gleichzeitig diente er als
Tasche für seine paar
Habseligkeiten. Der Typ
roch muffelig nach altem
Keller. Als er die Hände auf den Tisch
legte, lugte wulstiges Fleisch aus löchrigen
Handschuhen durch.
Mama hatte einen Teller zurechtgemacht
mit Toast, Wurst, Käse, Tomaten und Gur-
ken. Ich bekam richtig Appetit. Sie stellte
eine Henkeltasse mit Kaffee daneben.
Mit Mühe wurstelte er die Handschuhe
von den Händen. Er legte die Finger um
die Tasse. Sie waren bläulich angeschwol-
len wie Steckrüben. Und weil Mama ent-
setzt darauf sah, wiegte er den Kopf.
»Wissen Sie, Chefin, draußen ist es kalt.«
Ich erschrak. Und Mama wohl auch. Der
Schnee vorm Fenster war steinhart gefroren.

Als der Fremde die Gabel in die Hand
nehmen wollte, klirrte sie zu Boden. Ich
sprang hin und hob sie auf.
»Müssen entschuldigen, Chefin . . .« Er sah
Mama so ängstlich an, als könnte sie ihm
den Teller gleich wieder wegnehmen.
»Meine Hände, ja, das
ist so 'ne Geschichte.«
Mama und ich zogen
uns in die Küche zu-
rück, und wir hörten
ihn Kaffee schlürfen.
Als Mama etwas später
nach ihm schaute, hatte
er noch nicht angefan-
gen zu essen.
»Schmeckt es Ihnen
nicht?« fragte sie unsi-
cher.
Der Mann lächelte.
»Doch, doch.«
»Wie lange haben Sie
denn nichts Warmes ge-
gessen?« forschte Mama.
»Das steht nicht so genau fest. Kann sein,
beim Pfarrer letzte Woche in Heidelberg.«
»Hm«, machte Mama. »Sind Sie da mit
dem Zug gefahren? Ich meine, von Heidelberg hierher?«
»Nicht gerade mit 'm Zug . . . Soviel Luxus
ist unsereins nicht gewohnt. Ich bin immer
noch einigermaßen gut zu Fuß.«
Mama sah ihn ungläubig an. Schließlich
wohnen wir in Bonn. »Und wo haben Sie
übernachtet?«
»Mal hier, mal da, wie es gerade kam.« Er
schüttelte den Kopf über Mamas Fragerei.
»Junge Frau«, sagte er und lächelte wieder.

»Sie sind ein Engel. Engel, so viele gibt's nicht von der Sorte.«

Oben begann Ludger zu weinen. Mama hatte ihn ja einfach nur so abgelegt.

Da wurden die Augen des Mannes wach.

»Sie haben was Kleines, Chefin?« Er summte eine Melodie, und seine Arme wiegten einander. Versonnen fügte er hinzu: »Sowas hatte ich auch mal . . .«

Mama holte mein Brüderchen herunter. Er sah es lange zärtlich an. In Mamas Gesicht zeigte sich bald eine Stirnfalte. Jetzt sollte der Kerl endlich essen und gehen! Die Zeit drängte, mein Vater würde bald nach Hause kommen.

Statt zu essen, legte er die Gabel wieder beiseite.

»Wenn ich Sie um was bitten dürfte . . .«

Mama war es anzusehen, daß sie sich ärgerte.

»Wenn Sie mir das einpacken könnten? Der Magen will nicht so recht.«

Mama legte mir seufzend Ludger in den Arm. Sie machte für den Mann ein Proviantpaket zurecht, mit Kuchen, Bananen und Schokolade.

»Wohin werden Sie jetzt gehen?« fragte sie, als er sich erhob.

»Muß rüber nach Köln. Soll mich da melden auf'm Amt, wegen meinem Blutzukker. Sonst laufe ich nicht mehr lange, haben sie gesagt. Tausend Dank, gnä' Frau.

Sie haben mir gutgetan. Und fröhliche Weihnachten auch noch.«

Fröhliche Weihnachten . . . Mama und ich sahen uns an. Wann würde der Mann in Köln ankommen? In zwei Tagen war Heiligabend.

»Warten Sie mal«, sagte Mama. Sie holte ein Paar dick gefütterte Fellhandschuhe von Papa.

Der Mann verstaute sie sorgfältig in seinem Wollschal.

»Die werde ich hüten wie meinen Augapfel. Wer weiß, wo ich die mal brauchen kann. So, und nu' immer am Rhein lang.«

Als wir ihn vom Fenster aus nicht mehr sehen konnten, lüftete Mama das Zimmer gut durch und wischte den Tisch sauber. Ich fragte sie nach der Bonbondose. Aber Mama war mit den Gedanken ganz woanders.

»Engel«, murmelte sie. »Engel, Timmi! So viele gibt's wirklich nicht mehr von der Sorte.«

Den Rest des Tages war Mama stiller als sonst. Und wie ein Engel sah sie überhaupt nicht aus.

Spiele für drinnen

Ich fühl hier was

Viele Kinder haben ihre Plüschtiere mitgebracht und legen sie auf den Tisch. Genau anschauen! Nacheinander werden jedem Kind einmal die Augen verbunden, und es darf fühlen: Wo ist *mein* Tier?

Wieder liegen alle Tiere auf dem Tisch. Einem Kind werden die Augen verbunden, und es muß fühlen, wo die Tiere liegen. Nun wird eins weggenommen. Welches fehlt?

Unter der Tischdecke stecken statt der Tiere nun viele andere Gegenstände: Löffel, Topfdeckel, Haarbürsten, ein Strumpf. Jetzt bist du dran und bekommst die Augen verbunden. Du sollst die Gegenstände benennen und versuchen, sie in der Reihenfolge des Alphabets zu ordnen.

Deckentiere

Zwei Gruppen von jeweils vier bis fünf Kindern spielen mit. Die Kinder einer Gruppe kriechen unter eine Decke und stellen irgend etwas dar, zum Beispiel einen Elefanten, ein Auto, einen Kirchturm. Die andere Gruppe rät. Dann tauschen beide Gruppen die Rollen.

Haare fühlen

Es werden wieder einem Kind die Augen verbunden. Einige andere setzen sich jetzt leise auf eine Reihe von Stühlen. Wer sitzt wohl auf welchem Stuhl? Der Rater steht dahinter und kann es an den Haaren fühlen. Oder an den Ohren? Oder an den Kleidern?

Rasemas Schlitten

Rasema stand am Fenster. Sie schob die Unterlippe vor und knurrte wie ein junger Hund. Es regnete Bindfäden, mitten im Januar! Schnee sollte vom Himmel fallen, weißer, weicher, kühler Schnee. Zu Weihnachten hatten Frauen vom Roten Kreuz ihr nämlich einen kleinen Rodelschlitten geschenkt. Alle Kinder im Wohnheim für Flüchtlinge hatten ein Spielzeug erhalten.

Niko, Rasemas kleiner Bruder, war glücklich mit seinem roten Rennauto. Auch Leute aus der Nachbarschaft hatten Geschenke gebracht, Kleider und Plätzchen und Mandarinen. Sie waren sehr nett. Denn die Familien im Wohnheim hatten alle kein Zuhause mehr.

Niko hatte es gut. Der konnte mit seinem Geschenk richtig spielen. Und Rasema? Sie war traurig und starrte hinaus auf den kleinen Hügel vor dem Häuserblock. Ein Katzenbuckel war das höchstens. Aber um ein bißchen zu rodeln, reichte er wohl.

Daheim, wo Rasema aufgewachsen war,

herrschte Krieg. Die Großmutter und der Großvater waren dort geblieben, im kleinen Dorf am Fuß des Gebirges. Sie hatten nicht fort gewollt, auch nicht, als die Panzer gekommen waren und ringsherum Männer aus Gewehren geschossen hatten. Rasema und Niko und Mama waren rechtzeitig in einem Bus über die Grenze nach Deutschland gefahren worden. Mit nur drei Taschen und einem Rucksack – das war alles. Auch ihr Vater war zurückgeblieben. Der sollte für das Land kämpfen. Alle Männer mußten das, auch wenn sie noch gar keine richtigen waren. Radovan zum Beispiel, der Sohn von Rasemas Lehrer. Er war erst 16 Jahre alt. Und trotzdem, auch ihm hatten sie ein Gewehr in die Hand gegeben.

Rasema seufzte. Daheim im Gebirge . . . Dort gab es bestimmt längst Schnee. Und Großmutter und Großvater mußten jeden Morgen den Weg vorm Haus freischaufeln. Sie würden schrecklich darin frieren. Das Dach hatte nämlich ein Loch, von einer Granate. Sicher schneite es hinein, und sie hatten das ganze Wohnzimmer voll Schnee. Großmutter konnte im Haus rodeln! Bei diesem Gedanken mußte Rasema doch ein bißchen lächeln.

Sie drehte den Schlitten andersherum. Wenn es keinen Schnee gab, dann sollte er zumindest ein Puppenbett werden. Eine Puppe besaß Rasema nicht mehr. Aber Vasija, das Mädchen aus dem Nachbarzimmer, das hatte eine vom Roten Kreuz bekommen.

Wenn Rasema hinüberginge und Vasija fragte? Sie könnten beide zusammen spielen. Zuerst wollte Rasema das Puppenbett auspolstern, mit der Hose vom Jogginganzug, mit ein wenig Zeitung. Und Rasemas grünes Halstuch wäre die Zudecke. Sie zögerte. Die andere Familie kannte Rasema ja noch gar nicht richtig.

»Klopf bei ihnen an«, munterte die Mutter Rasema auf. »Vasija wird sich freuen.«

Da ging Rasema hinaus auf den Flur mit den vielen Türen. Sie schob sich ein paar Schritte weiter und lauschte. Im Zimmer hinter Vasijas Tür war wohl die ganze Familie versammelt, das konnte Rasema hören. Sie redeten, und Radiomusik dudelte leise.

Rasema klopfte nur zaghaft. Trotzdem ging die Tür gleich auf. Ein Bruder von Vasija stand vor Rasema. Er zog sie einfach hinein zu den anderen. Rasema sah schüchtern in die Runde.

»Spielst du mit mir?« fragte sie Vasija. »Ich hab nämlich ein . . . ein Puppenbett. Und du hast eine Puppe.«

»Ja, spiel doch mit Rasema!« sagte Vasijas Mutter. Doch Vasija schüttelte den Kopf.

So nahm ihre Mutter sie an die Hand und begleitete sie nach nebenan. Und die Puppe kam auch mit.

»Na ja, es ist kein echtes Puppenbett«, entschuldigte sich Rasema. »Nur ein Rodelschlitten-Bett. Aber besser als gar keins. Wo doch sowieso kein Schnee fällt.«

»Hauptsache, meine Lulu friert nicht«, sagte Vasija. Sie blieb nun doch sehr gern. Manchmal flüsterte sie etwas mit Lulu. Später durfte Rasema sie ausziehen und mit Klopapier als Waschlappen waschen.

Und dann –

Rasema schrie auf. »Vasija! Vasija! Lulu muß raus aus dem Bett, hier, nimm sie!« Sie zog das Bett herunter und drehte den Schlitten um. Vasija sah ihr mit großen, erschrockenen Augen zu.

Rasema zeigte aus dem Fenster. Sie freute sich, sie strahlte. »Schnee! Vasija, schau auch raus, da tanzen Schneeflocken!«

Sofort wollte Rasema ihren Anorak anziehen, die Mütze aufsetzen und den Schlitten nehmen. Doch ihre Mutter hielt sie zurück und lächelte.

»Es dauert noch ein Weilchen, bis ihr rodeln könnt vorm Haus. Es muß doch erst genug Schnee fallen.«

Rasema knurrte wieder wie ein Hund.

Aber die Mama tröstete sie: »Seht in den Himmel, seht die dicken, dicken Flocken! Eine von ihnen ist besonders schön, so schön und groß wie ein Stern. Das ist die Schneekönigin. Vielleicht könnt ihr sie entdecken?«

Vasija, Rasema und Lulu drückten sich die Nasen platt an der Fensterscheibe.

»Da, ich habe sie gesehen!« schrie Rasema aufgeregt.

»Ich auch, ich auch!« rief Vasija.

Und ganz sicher sah auch Lulu die Schneekönigin.

Rätsel

Bei Kälte besteht er,
bei Wärme vergeht er,
am sonnigen Ort,
da läuft er fort!

(SCHNEEMANN)

Schneeflöckchen, Weißröckchen

Überliefert

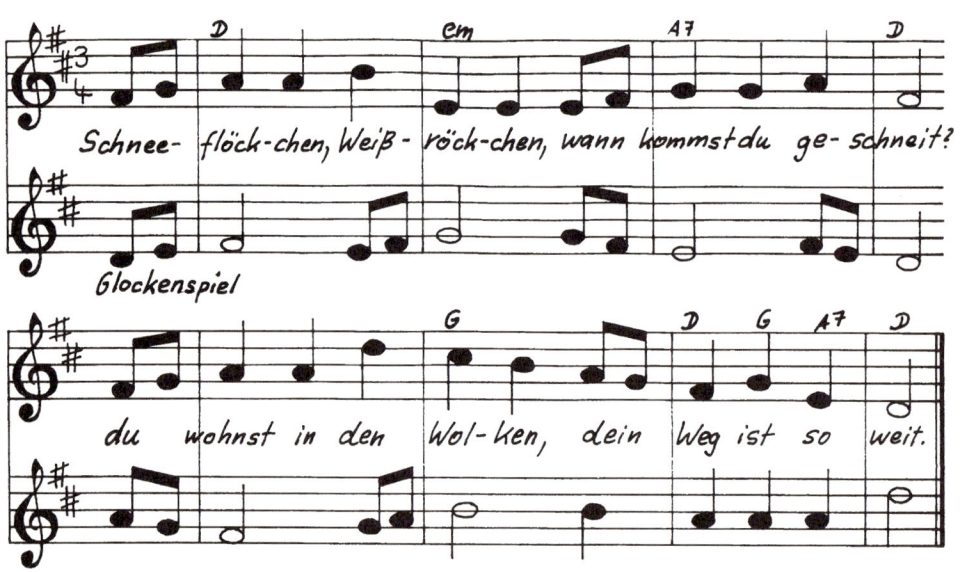

Schnee-flöck-chen, Weiß-röck-chen, wann kommst du ge-schneit?

Glockenspiel

du wohnst in den Wol-ken, dein Weg ist so weit.

2. Komm, setz dich ans Fenster!
Du lieblicher Stern,
malst Blumen und Blätter,
wir haben dich gern.

3. Schneeflöckchen, Weißröckchen,
komm zu uns ins Tal.
Dann baun wir den Schneemann
und werfen den Ball.

4. Schneeflöckchen, Weißröckchen,
deck die Blümelein zu.
Jetzt schlafen sie alle
in seliger Ruh.

Wo die Tiere im Winter bleiben

Zuerst ziehn gen Süden die *Vogelschwärme*.
Dort finden sie reichliche Nahrung und Wärme.

Der *Laubfrosch* vergißt sein Gequak und Geschnarre
und fällt tief im Laubbett in Winterstarre.

So macht's auch der *Dachs*. Und er zehrt unterdessen
vom Fett seines Körpers – der braucht nichts zu fressen!

Das *Eichhorn* trägt Nüsse und Eicheln tagtäglich
vom Erdloch ins Baumnest, so bleibt es beweglich.

Im Wald stehen Hirsche zusammengedrängt.
Das wärmt sie, wenn's draußen zu frieren anfängt.

Der *Igel* erstarrt, wenn der Winterfrost klirrt,
im Laub oder Kompost, bis Frühlingszeit wird.

Den Sommerpelz ändert der *Schneehase* schnell.
Er wärmt sich durch Hoppeln sein schneeweißes Fell.

Am faulsten benimmt sich das *Murmeltier*, ehrlich.
Sein Winterschlaf dauert acht Monate jährlich!

Die *Waldmaus* ruht aus. Doch es schnuppert ihr Näschen:
Im Erdloch, da war doch ein Körnchen im Gräschen?

Schon gewußt?
Wer macht die Schneeflocken?

Ganz früher, das weiß jedes Kind, war es Frau Holle, die ihre Federbetten schüttelte. Und die Goldmarie half ihr dabei, damit es tüchtig schneite. Aber Frau Holle ist inzwischen wohl schon tausend Jahre alt. Und nun haben ihre Arbeit Schneemaschinen übernommen, die fliegen durch den Himmel, lassen die ganze duftigweiße Ladung in graue Wolken fallen. Die Wolken ziehen weiter und bringen uns die ersehnten Schneeflocken . . .

Oder entsteht Schnee vielleicht doch ganz anders? Klar! Hoch hinauf in die Luft steigt die Feuchtigkeit, die auf unserer Erde verdunstet. Sie sammelt sich in den Wolken und fällt als Regen auf uns herab. Sinkt die Temperatur unter null Grad, bilden sich aus den Regentropfen in großer Höhe winzige Kristalle in den allerfeinsten, wunderschönsten Formen – Schneeflocken. Sie können dick oder dünn, groß oder klein sein. Aber dennoch haben alle eine sternförmige Grundform mit sechs Strahlen.

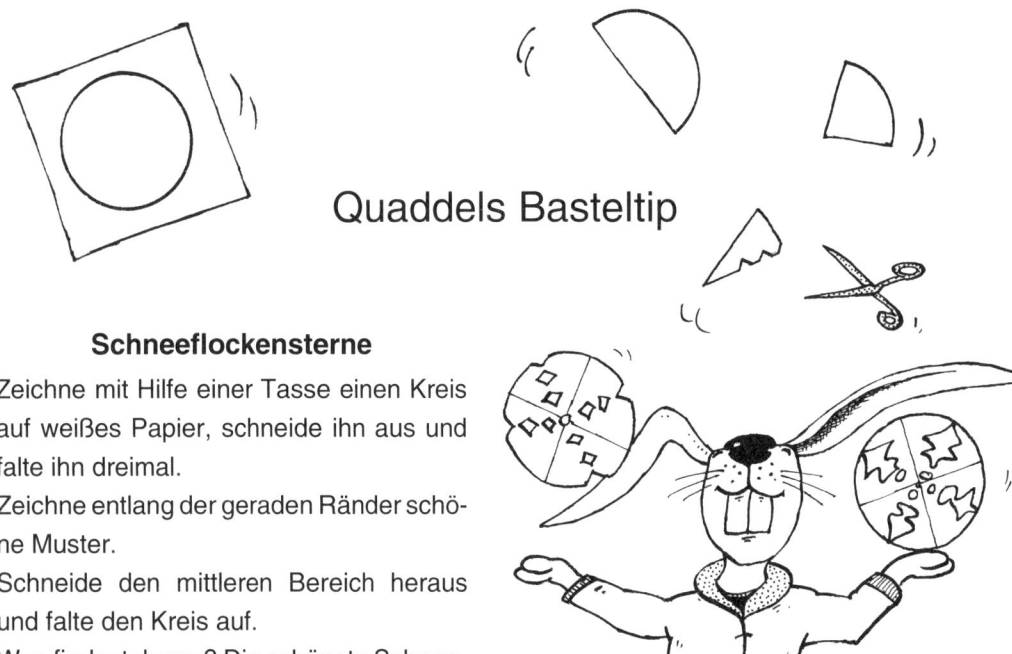

Quaddels Basteltip

Schneeflockensterne

Zeichne mit Hilfe einer Tasse einen Kreis auf weißes Papier, schneide ihn aus und falte ihn dreimal.

Zeichne entlang der geraden Ränder schöne Muster.

Schneide den mittleren Bereich heraus und falte den Kreis auf.

Was findest du vor? Die schönste Schneeflocke, die Frau Holle jemals geschüttelt hat!

Quaddels Backtip

Bratäpfel im Schlafrock

Dazu braucht ihr:

> ☞ 1 Tiefkühlpackung Mürbeteig
> ☞ 10 kleine Äpfel
> ☞ 1 Ei
> ☞ 1 Eßlöffel Zucker
> ☞ rote Marmelade
> ☞ Rosinen und Mandeln

Die Äpfel werden geschält. Stecht mit einem Messer Stiel, Blüte und Kerngehäuse heraus.

Füllt die Hohlräume mit Marmelade, Mandeln und Rosinen. Bestreicht die Äpfel auch außen mit Marmelade.

Den dünnen Teig zerschneidet ihr in Vierecke und setzt je einen Apfel in die Mitte. Nehmt die vier Teigenden, und drückt sie wie einen Zipfel oben zusammen.

Trennt das Eigelb vom Eiweiß, und bestreicht mit dem Eigelb hauchdünn den Teig.

Schlagt das Eiweiß mit dem elektrischen Rührbesen steif, gebt einen Eßlöffel Zucker hinzu und setzt allen Äpfeln ein weißes Häubchen auf.

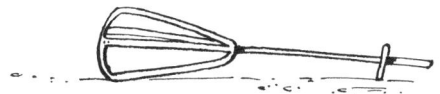

Und nun auf ein gefettetes Blech damit und rein in den (beim Elektroherd vorgeheizten) Backofen! In etwa 20 Minuten sind eure Äpfel auf mittlerer Hitze goldgelb und fertig.

Der Winter ist ein rechter Mann

Text: Matthias Claudius 1782; Melodie: J. F. Reichhardt 1797; Satz: Christa Zeuch

2. Er zieht sein Hemd im Freien an
und läßt's nicht vorher wärmen
und spottet über Pein im Zahn
und Grimmen in Gedärmen.

3. Aus Blumen und aus Vogelsang
weiß er sich nichts zu machen,
haßt warmen Trank und warmen Klang
und alle warmen Sachen.

4. Doch wenn die Füchse bellen sehr,
wenn's Holz im Ofen knittert,
und um den Ofen Knecht und Herr
die Hände reibt und zittert,

5. wenn Stein und Bein von Frost zerbricht
und Teich und Seen krachen,
das klingt ihm gut, das haßt er nicht,
dann will er tot sich lachen.

6. Sein Schloß von Eis liegt ganz hinaus
beim Nordpol an dem Strande,
doch hat er auch ein Sommerhaus
im lieben Schweizerlande.

7. Da ist er denn bald dort, bald hier,
gut Regiment zu führen,
und wenn er durchzieht, stehen wir
und sehn ihn an und frieren.

Quaddels Basteltips für Weihnachtsgeschenke

Weihnachtsgeschichten –
mal anders

Verschenkt doch mal ein paar ungewöhnliche Bilderbücher mit einer von euch erfundenen Geschichte und euren Bildern! Hier einige Vorschläge:

Garnrollen-Geschichte

Malt und schreibt eine Mini-Geschichte auf einen langen, schmalen Papierstreifen. Klebt den Papierstreifen (am Ende der Geschichte) an eine Garnrolle und wickelt ihn auf.

Käseschachtel-Geschichte

Faltet den Papierstreifen mehrere Male, so daß er in eine Käseschachtel paßt. Klebt das Ende am Boden der Schachtel fest! Die Geschichte läßt sich nun in einem kleinen Ziehharmonika-Buch lesen und anschauen.

Flaschen-Geschichte

Befestigt den Papierstreifen am Ende der Geschichte an einem Holzstab und rollt ihn damit auf. Die aufgewickelte Geschichte kommt in eine passende Flasche, die ihr vorher mit Plakafarben bemalt.

Kassetten-Geschichte

Hierzu denkt ihr euch eine Weihnachtsgeschichte aus, in der verschiedene Personen wie in einem Hörspiel sprechen. Dazu könnt ihr Geräusche ausprobieren, auf der Flöte und dem Glockenspiel Musik machen, ein Weihnachtslied einbauen. Nehmt zum Schluß alles auf Kassette auf. Ein besonders schönes Weihnachtsgeschenk! Vergeßt nicht, die Kassette hübsch zu verpacken.

Morgen, Kinder, wird's was geben

Text: mündlich überliefert (1795)
Melodie: K.G. Hering (1809)

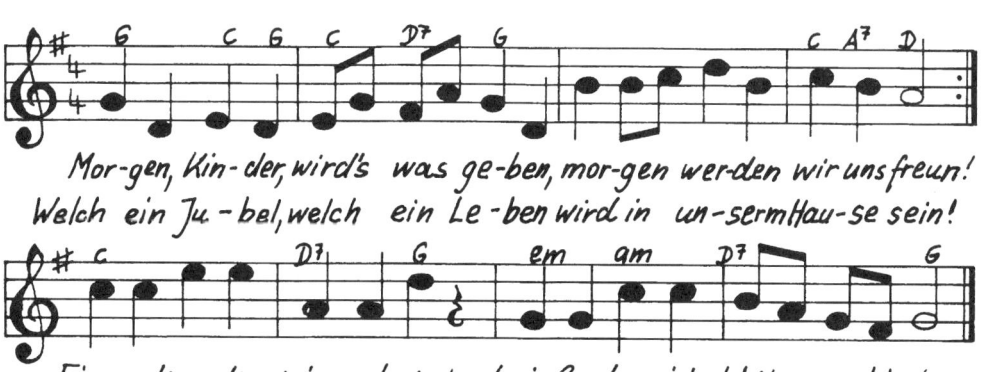

Mor-gen, Kin-der, wird's was ge-ben, mor-gen wer-den wir uns freun!
Welch ein Ju-bel, welch ein Le-ben wird in un-serm Hau-se sein!

Ein-mal wer-den wir noch wach, hei-ßa, dann ist Weih-nachts-tag.

2. Wie wird dann die Stube glänzen
   von der großen Lichterzahl!
   Schöner als bei frohen Tänzen
   ein geputzter Kronensaal.
   Wißt ihr noch, wie vor'ges Jahr
   es am Heil'gen Abend war?

3. Wißt ihr noch die Spiele, Bücher
   und das schöne Hottepferd,
   schönste Kleider, woll'ne Tücher,
   Puppenstube, Puppenherd?
   Morgen strahlt der Kerzen Schein,
   morgen werden wir uns freun!

Wie die Tiere nach Bethlehem zogen

Die Heiligen Drei Könige aus dem Morgenland waren zu Fuß unterwegs: Balthasar, Melchior und Kaspar. Ein weiter Weg lag noch vor ihnen, als sie durch die Dunkelheit stapften.

Weit entfernt leuchtete am Himmel ein Stern so silberhell, daß sein Strahl sich noch in den Augen der Wanderer widerspiegelte.

»Wie gut, daß ich nicht schwer zu tragen habe«, seufzte Melchior. »Ich bringe dem Kind in der Krippe einen Strauß Myrrhe, der wiegt leicht.«

»Du hast es besser als ich«, ächzte Kaspar. »Ich schleppe einen Klumpen Gold mit mir. Der ist schwerer als ein Kuhkopf. Aber was nimmt man nicht alles auf sich für diesen wunderbaren Heiland, der der Menschheit geboren wurde.«

»Wir könnten ein Weilchen tauschen«, schlug nun Balthasar vor. »Ich trage dein Gold und du meine Schale voll Weihrauch. Für unseren kleinen König in der Krippe, Gottes Sohn, will ich mich gern mit einem Goldklumpen abplagen.«

So zogen sie weiter. Und sie bemerkten gar

nicht, daß sich allerlei Tiere am Wegrand gesammelt hatten und ihnen erstaunt nachschauten.

»Ein kleiner König?« kicherte das Wiesel. »In einer Futterkrippe? Daß ich nicht lache.« Schon war es in seinem Bau verschwunden.

Der Igel jedoch piepste: »Er muß ein besonderes Kerlchen sein, dieser Sohn Gottes, wenn sich drei so mächtige Könige auf den Weg machen, um ihn zu besuchen. Ich möchte ihn auch sehen!«

»Gern würde ich mit dir gehen«, meinte der Hase. »Würde ich gewiß tun. Nur leider . . .« Er räusperte sich umständlich, bevor er fortfuhr: »Weihrauch, Gold und Myrrhe – wie sollen wir da nur mithalten?

Alles, was ich dem Kind schenken könnte, wäre eine verdörrte Runkelrübe.«

Inzwischen hatte sich der Esel zu ihnen gesellt, der alles mit angehört hatte.

»Ihaaa«, machte er wichtigtuerisch. »Diesem Heiland in der Krippe gebühren nichts als königliche Gaben. Jeder von uns sollte ihm das mitbringen, was ihm im Leben am wichtigsten erscheint.«

Der Hase, der Igel und der Esel überlegten, was jedem von ihnen am wichtigsten war.

»Meine Stacheln«, sagte der Igel. »Damit schütze ich mich vor Feinden und kann in Frieden leben.«

»Meine Ohren«, sagte der Hase. »Damit höre ich weit und breit alles, was sich regt. Vor allem den Jäger.«

»Mein Schwanz«, sagte der Esel. »Damit vertreibe ich die Fliegen.«

Bald hatten sie die Heiligen Drei Könige eingeholt und folgten ihnen und dem Stern bis nach Bethlehem.

Dort sahen sie das neugeborene Kind: den Heiland, Gottes Sohn, in Windeln gewikkelt, in einer Krippe liegend, von Maria und Josef gehütet und von Engeln bewacht. Und ein helles Leuchten lag über allen Gesichtern.

Die Heiligen Drei Könige beschenkten das Jesuskind reich. Sie sangen ihm Lieder und lobpreisten es.

Danach kam die Reihe an den Igel. Ohne zu zögern, legte er dem Jesuskind seine Stacheln um.

Kaum aber war dies geschehen, da begann es zu schreien, als wäre es von einer Wespe gestochen worden. Und jeder konnte hören, daß es sich über das Igelgeschenk nicht gerade freute.

Rasch befreite Josef das Baby von der pieksenden Haut. Damit der Igel aber nicht allzu traurig war, sprach Josef schmunzelnd: »Igel, wie siehst du nur ohne deine Stacheln aus! Kahl wie ein abgeleckter Hefekloß! Nimm sie zurück, dann hat das Jesuskind gewiß mehr Freude an dir.«

Nun knöpfte der Hase seine langen Löffelohren ab und legte sie dem Kind in der Krippe an. Da lachte plötzlich der Heilige Balthasar schallend. Und Melchior, Kaspar und sogar Maria wurden davon angesteckt.

»Hase«, lächelte Maria. »Sei mir nicht böse, aber ohne Ohren schaust du aus wie eine riesige Kaulquappe. Nimm sie zurück, so gefällst du dem Jesuskind gewiß besser.«

Es kam noch der Esel mit Schenken dran. Emsig wedelte er dem Baby mit seinem Schanz im Gesicht herum. Aber davon mußte es niesen, und Maria hob es rasch aus der Krippe, bevor es wieder anfing zu weinen.

Da standen sie nun ganz betreten, der Igel, der Hase und der Esel. Doch es dauerte nicht lange, da jauchzte das Jesuskind. Es quiekte und kiekste fröhlich, und es schien mit seinen Besuchern auch ohne Geschenke ganz einverstanden zu sein.

Übrigens: Zu dieser Geschichte könnt ihr ein Pappkarton-Schattentheater aufführen. Wie – das steht auf S. 109.

Das Schattentheater im Schuhkarton

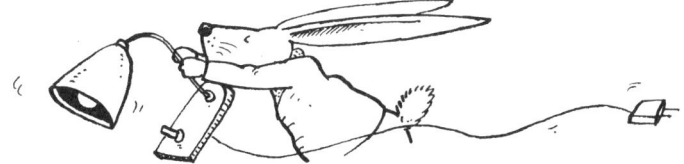

Ihr braucht dazu:

☞ 1 großen Schuhkarton, am besten von Stiefeln

☞ 1 Bogen Transparentpapier

☞ Pappe (z.B. Rücken vom Zeichenblock)

☞ echte Strohhalme

☞ Reste von buntem Papier

☞ deckende Wasserfarben, Pinsel

☞ spitze Schere und Teppichschneider

☞ eine kleine Tischlampe

In die Decke des Kartontheaters schneidet ihr mit dem Teppichmesser zwei lange Schlitze.

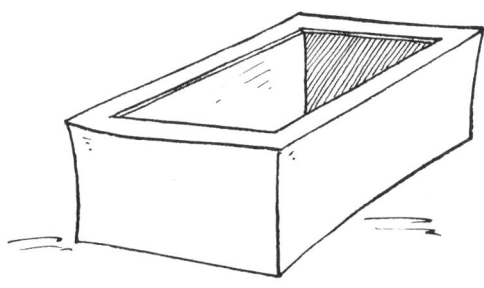

Schneidet in den Boden des Schuhkartons ein Fenster.

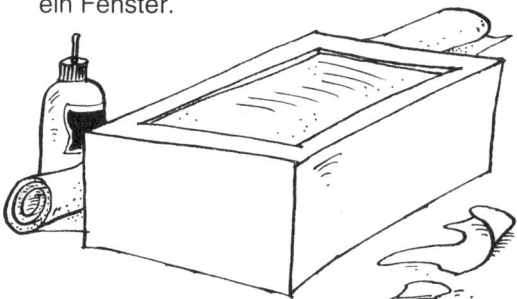

Dahinter klebt ihr straff das Transparentpapier.

Nun klebt ihr vorn einen spitzen Giebel aus zwei Pappstreifen an und verziert ihn mit Stroh und anderem Schmuck. Das ganze Theater könnt ihr hübsch bekleben oder bemalen.

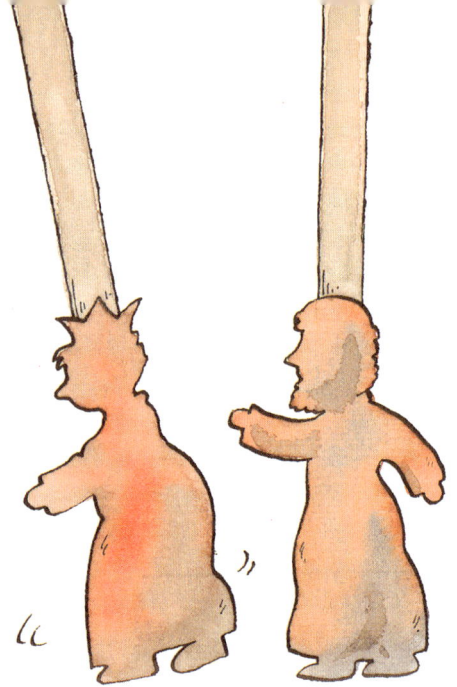

Die Figuren entstehen aus Pappe in Seitenansicht. Als Haltegriffe klebt ihr lange Pappstreifen hinter die Figuren.

Schlitze
Pappstreifen

KÖNIGE

Wenn ihr die Lampe von hinten leuchten laßt und die Personen oder Tiere in die Schlitze steckt, könnt ihr Theater spielen. Soll eine Figur entstehen, hängt sie am geknickten Griff in die Schlitze.

Nun kann einer von euch die Geschichte mit vielen Pausen vorlesen. Die einzelnen Strophen des nächsten Liedes mitsamt der Musik lassen sich in die Geschichte einbauen. Zu der Aufführung könnt ihr viele Zuschauer einladen.

Die Heil'gen Drei Könige

Sternsingerlied aus Bayern
Christa Zeuch

3 Kinder:

Die heil'gen drei Kö-ni-ge sind wir ge-nannt, wir

Blockflöten o. 2. Singstimme:

Alle:

kom-men von fer-ne, vom Mor-gen-land. Ihr Ster-ne, gebt

Summen:

al-len den Schein, ins neu-e Jahr zie-hen wir ein.

Begleitung zu allen Strophen: Vor-, Zwischen- u. Nachspiel:

Metallophon

Glockenspiel

Altxylophon

Schellentrommeln

Triangel Tr.

Sch.-Tr.

Dazu spielen Blockflöten die 2. Liedstimme.

2. Wir Heil'gen Drei Könige tragen den Stern
und suchen das Kindlein, den Heiland, den Herrn. Ihr . . .

3. Dem Kindlein, dem sind wir von Herzen so hold;
wir bringen ihm Weihrauch und Myrrhen und Gold. Ihr . . .

4. Lebt wohl nun, ihr Leute, wir ziehen so fern;
die Heil'gen Drei Könige mit unserm Stern. Ihr . . .

Quaddels Basteltip zum neuen Jahr

Silberweiße Friedenstauben

Dazu braucht ihr:

- ☞ weißes Zeichenblockpapier
- ☞ weißes Seidenpapier
- ☞ Farbstifte
- ☞ silberne Wasserdeckfarbe
- ☞ 1 Kaffeesieb
- ☞ 1 alte Zahnbürste
- ☞ weiße Nähgarnfäden mit Nadel
- ☞ Bleistift, Schere
- ☞ ungiftigen Kleber

Zeichnet ein Rechteck von 13 cm Länge und 6,5 cm Höhe aufs Zeichenpapier und dort hinein den Taubenkörper.

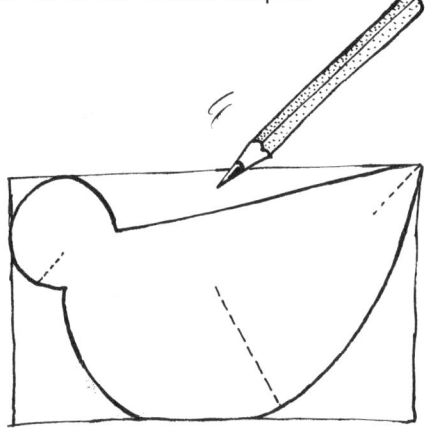

Ihr könnt abmessen, auf welcher Höhe Schnabel oder Schwanz stehen sollen. Schneidet die Taube aus und nehmt drei Einschnitte (siehe Zeichnung) vor.

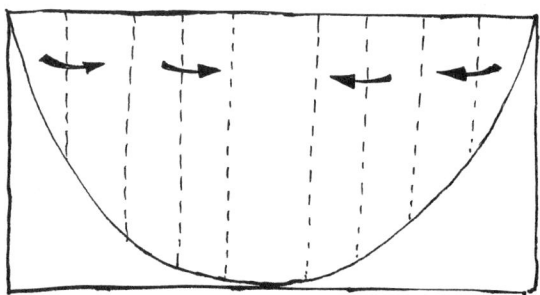

Aus Seidenpapier schneidet ihr ein zweites Rechteck von 8 x 18 cm Größe zu, das ihr an zwei Ecken abrundet.

Knickt in Pfeilrichtung eine kleine Ziehharmonika und steckt sie in den Brusteinschnitt der Papiertaube, so daß die abgerundeten Enden nach unten zeigen. Biegt die Fächerflügel nach oben und befestigt sie rechts und links mit einem Tupfer Kleber oberhalb des Schnitts, damit sie hochstehen.

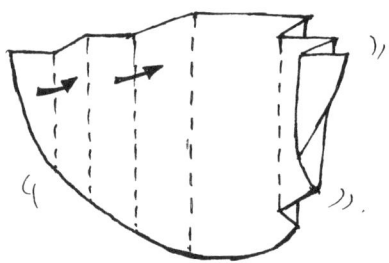

Ein zweites Seidenpapier-Rechteck von 5 x 7 cm bildet den Ziehharmonikaschwanz. Schiebt ihn in den hinteren Einschnitt, biegt die Enden nach oben und klebt sie zusammen.

Streicht mit Silberfarbe auf der Zahnbürste über ein Sieb, und eure Taube bekommt Silberpünktchen.

Graue Augen mit roten Rändern aufgemalt, den Schnabel, in den ihr eine kleine Friedensbotschaft steckt, rot gefärbt, Aufhängefäden durchgezogen – fertig ist die Friedenstaube!
Bastelt viele Tauben und hängt sie ans Fenster, an Lampen, in Grünpflanzen, an den Schulranzen . . .

Zum Jahresende

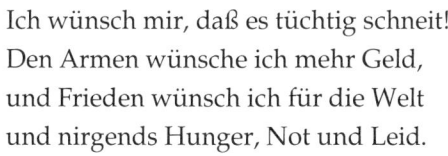

Nun mußt du gehen, altes Jahr,
du bleibst nur noch Erinnerung.
Dort kommt das neue, frisch und jung –
macht es wohl meine Wünsche wahr?

Ich wünsch mir, daß es tüchtig schneit!
Den Armen wünsche ich mehr Geld,
und Frieden wünsch ich für die Welt
und nirgends Hunger, Not und Leid.

Leb wohl, leb wohl nun, altes Jahr!
Du wirst mit lautem Knall vertrieben
und wärst so gerne noch geblieben . . .
Dir winkt die ganze Kinderschar!

Alte Weisheit

Bleibt Silvester hell und klar,
ist am nächsten Tag Neujahr!

Ich bin das ganze Jahr vergnügt

Bessarabien (18. Jahrhundert)
Volkslied der Deutschen

2. Und kommt die schöne Sommerzeit,
   wie hoch ist da mein Herz erfreut,
   (Metallophon)
   wenn ich vor meinem Acker steh
   /:und soviel tausend Ähren seh! :/

3. Im Herbst schau ich die Bäume an,
   seh Äpfel, Birnen, Pflaumen dran.
   (Xylophon)
   Und sind sie reif, so schütt'l ich sie.
   /:Das ist der Lohn für meine Müh. :/

4. Dann kommt die kalte Winterszeit,
   mein Häuschen ist schon eingeschneit.
   (Blockflöten)
   Das ganze Feld ist kreideweiß
   /:und auf der Wiese nichts als Eis. :/

5. So geht's jahrein, jahraus mit mir,
   ich dank dem lieben Gott dafür,
   (alle Instrumente)
   hab immer frischen, frohen Mut
   /:und denke: So ist alles gut. :/

Moritz hat von Maxi einen Brief aus Köln bekommen.
Ihr dürft ihn auch lesen!

Hey, Moritz!

Viel Glück im neuen Jahr wünsche ich Dir. Du könntest eigentlich endlich mal zu uns nach Köln kommen! Oder traust Du Dich nicht, allein Zug zu fahren? Hast Du etwa Angst, Du landest in China?

Silvester war hier schwer was los. Es war echt toll. Onkel Jo war auch da. Hat einen großen Karton mitgebracht. Und rate mal, was drin war? Das Feuerwerk! Zuerst hat Mama gesagt: Maxi, ins Bett bis kurz vor zwölf! Aber Onkel Jo hat gemeint, ich werde doch schon zehn. Und außerdem, ich müßte ihm helfen, die Raketen draußen aufzustellen, in leeren Flaschen und in der Erde.

Onkel Jo hat echt ein Riesenfeuerwerk gemacht, das beste in der ganzen Straße. Laut war es, und gestunken hat es, puh! Du hättest es sehen sollen, es hat be-stimmt viel Geld gekostet. Mama hat sehr geschimpft, daß ihr Bruder Jo ein alter Kindskopf wäre.

Unsere Nachbarn rechts, die Krauses, die haben gesagt, sie würden nicht so viel Zeug in die Luft knallen, weil ihr Hund solche Angst davor kriegt. Und Frau Nett-koven hat gejammert, es wäre wie im Krieg, als die Bomben gefallen sind. Und außerdem die Millionen, die die Leute in die Luft ballern würden! Die sollte man besser für die Armen in der Welt ausgeben. Aber ein bißchen Spaß muß man Silvester doch haben – oder?

Und wie war es bei Euch so? Durftest Du auch zweimal mit Orangensekt anstoßen? Schreib mir bald, mein Briefkasten ist am Verhungern!

Deine

Maxi

Moritz schreibt sofort einen Antwortbrief, obwohl er sich eigentlich zuerst um den Esel kümmern soll. Lest mal!

Grüß Dich, Maxi!

Das wünsche ich Dir auch, fürs neue Jahr einen Sack voller Glück.

Hier bei uns hätte es Dir zu Silvester vielleicht gar nicht gefallen. Wir hatten nämlich keine Kracher und Raketen und so was. Aber langweilig war es trotzdem nicht, kannst Du mir glauben!

Zuerst sind wir alle vom Hof in die Nacht rausgegangen. Es war ganz ruhig, bis auf unsere Schritte. Wir sind auf den kleinen Ochsenberg gewandert mit Fackeln, damit keiner stolpert. Und gesungen haben wir. Eine Minute vor zwölf Uhr, weißt Du, was da passiert ist? Über unseren Köpfen hat plötzlich der Waldkauz geschrien. Ich hab auch geschrien, vor Schreck, und wir mußten alle laut lachen. Punkt zwölf haben wir in die Sterne geguckt und ein paar Sekunden den Mund gehalten. Wir durften uns nämlich was fürs neue Jahr wünschen.

Und wenn einer dabei Krach macht, geht es nicht in Erfüllung.

Ganz weit entfernt haben wir auch ein Feuerwerk gesehen, das über der Stadt. Aber gehört hat man nichts, es war zu weit weg. Dann sind wir zum Hof zurückgegangen, und Großvater hat mir ganz viele Sternbilder erklärt.

Großvater und Papa haben einen Neujahrspunsch gebraut, der war aus Tee, Gewürzen und viel Orangensaft, und für die Erwachsenen mit Rotwein. Und Mia hat Krapfen in Fett gebacken, wir sind fast geplatzt! Übrigens: Unser Punsch war mindestens so edel wie Euer Orangensekt.

Und jetzt muß ich Schluß machen. Ich will zu Jonathan. Der hat endlich seinen Eselsattel, und ich kann auf ihm reiten. Du mußt unbedingt bald kommen!

Tausend Grüße aus Oberbrombach von

Deinem

Moritz

Neujahrspunsch für Kinder

Dazu braucht ihr:

- ☞ 1 Eßlöffel oder 2 Beutel roten Früchtetee
- ☞ 1 Liter Wasser
- ☞ 2 Apfelsinen
- ☞ 1 Zitrone
- ☞ 2 Eßlöffel flüssigen Honig
- ☞ 5 Gewürznelken
- ☞ 1 Messerspitze Zimtpulver
- ☞ 1 Päckchen echten Vanillezucker
- ☞ 1 Becher Schlagsahne

Gebt den Tee und die Gewürze in einen Kochtopf und kocht alles einmal auf. Zehn Minuten ziehen lassen! Inzwischen preßt ihr Apfelsinen und Zitrone aus und mischt den Saft unter den Tee. Durch ein großes Sieb gießt ihr alles in eine Kanne. Nun noch mit Honig und Vanillezucker süßen. Der Punsch wird in großen Tassen getrunken mit einer Sahnehaube obendrauf – hmmmmm!

Früchtetörtchen

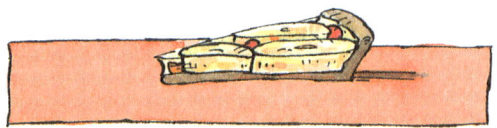

Ihr braucht dafür:

- ☞ 1 Packung Mini-Tortenböden
- ☞ 1 Dose Ananasscheiben
- ☞ 1 Glas Sauerkirschen oder buntes Obst

Schmückt die Tortenböden mit den Früchten und krönt sie mit Schlagsahne. Sie schmecken ganz toll zum Neujahrspunsch. Und sie sorgen dafür, daß ihr nicht hungrig ins neue Jahr geht . . .

Auf Wiedersehen, liebe Leute!
Das Buch ist zu Ende. Da kann ich mir ja endlich ein Versteck suchen und Winterschlaf halten. Ich hoffe, ihr werdet ein Weilchen ohne mich auskommen.

Inhaltsverzeichnis
(alphabetisch geordnet)

Wissenswertes

Lieder (nach Liedanfängen geordnet)

Sonstige musikalische Anregungen

Alle mit diesem Sternchen* gekennzeichneten Lieder enthalten musikalische **Spielanregungen** der Autorin zur instrumentalen Begleitung oder anderweitigen Gestaltung. Sie hat auch sämtliche Lieder mit leicht spielbaren **Tonartangaben für Gitarrenbegleitung** versehen. Diese stehen über den Melodiennoten.